被喜欢的勇气

[美] 里克·汉森（Rick Hanson） 著　林思语 译

Making Great Relationships
Simple Practices for Solving Conflicts,
Building Connection, and Fostering Love

中国出版集团
中译出版社

著作权合同登记号　图字：01-2023-2266
图书在版编目（CIP）数据

被喜欢的勇气 /（美）里克·汉森著；林思语译. -- 北京：中译出版社，2023.11
书名原文：MAKING GREAT RELATIONSHIPS: Simple Practices for Solving Conflicts, Building Connection, and Fostering Love
ISBN 978-7-5001-7437-0

Ⅰ.①被… Ⅱ.①里… ②林… Ⅲ.①人际关系学—通俗读物 Ⅳ.①C912.11-49

中国国家版本馆 CIP 数据核字（2023）第 134976 号

Copyright © 2023 by Rick Hanson
All rights reserved including the right of reproduction in whole or in part in any form.
This edition published by arrangement with Harmony Books, an imprint of Random House, a division of Penguin Random House LLC
Simplified Chinese translation copyright © 2023 by China Translation & Publishing House
ALL RIGHTS RESERVED.

被喜欢的勇气

著　　者：	［美］里克·汉森
策划编辑：	刘　钰
责任编辑：	刘　钰
营销编辑：	王珩瑾　魏菲彤　刘　畅　赵　铎
版权支持：	马燕琦

出版发行：	中译出版社
地　　址：	北京市西城区新街口外大街 28 号普天德胜大厦主楼 4 层
电　　话：	（010）68002494（编辑部）
邮　　编：	100088
电子邮箱：	book@ctph.com.cn
网　　址：	http://www.ctph.com.cn

印　　刷：	中煤（北京）印务有限公司
经　　销：	新华书店
规　　格：	1230 mm×880 mm　1/32
印　　张：	8
字　　数：	150 千字
版　　次：	2023 年 11 月第 1 版
印　　次：	2023 年 11 月第 1 次印刷

ISBN 978-7-5001-7437-0　　　定价：69.00 元

版权所有　侵权必究
中 译 出 版 社

谨以此书，
献给我的朋友和同事们，
献给每一位与我共事过的人，
献给每一个曾教授过我的人，
以及不论身在何处，怀有同情之心的你。

引 言

我们大部分的快乐和悲伤,都来自我们与他人的联系。几乎每个人都希望拥有健康、充实的人际关系。但是,在家庭与工作中,在与朋友和亲人的交往中,在与你喜欢的人——也许还有某些你不喜欢的人——相处的过程中,该如何做到这一点呢?你该如何应对冲突,澄清误解,获得友善相待,加深浪漫关系,与他人和睦共处,并表达出心中之爱呢?

许多人深受人际关系之扰,甚至囿于关系之中。也许你所面对的是一个难以应付的同事,一个令人沮丧的室友,一个不愿承担育儿责任的配偶,一个疏远的亲人,一个吹毛求疵的老板,或者一个渐行渐远的伴侣。这些情况似乎令人绝望。

山重水复疑无路,柳暗花明又一村。大量科学研究表明,关系并非"天注定",而是可以"靠打拼"。这一结论给了我们塑造美好人际关系的力量——该如何做?答案就蕴藏在我曾经听过的一个故事里:

> 问长者,何以如其般快乐与明智,备受爱戴与敬重。
> 答:"吾知吾心存两狼,一狼为爱,一狼为恨。吾每日喂食之狼,而万事皆由此定。"

也许你也曾听过诸如此类的故事。这些故事多么振奋人心啊!每一天,通过你的所思所想,你可以逐渐培养起自我价值感、同情心和自信心,同时也能变得更加放松、有耐心,并与他人建立更加有效的关系。

作为一名心理学家、一个丈夫和一位父亲——以及一个儿时害羞且笨拙,成年后又在一些关系中苦苦挣扎的人,我明白,怎么做会让一段关系越来越糟,而你又能做些什么来让关系好转。这本书,将教给你 50 种简单但有力的方法,让你能够在各种情况下进行有效沟通,维护自身正当权益,表达内心深处的感受,避免终将失败的争吵,说出(并得到)心中所愿,根据需要调整关系,宽恕他人和自己,不把事情看得太个人化,真正感到被爱——以及更多。这本书凝结了我多年的经验,对于每一个想要知道该如何建立良好关系甚至深厚情谊的人,我想对你说的话全都在这本书里。

要改变周围世界,往往需要很长时间,而改变内心则快得多。你可以采取书中的方法,在自己的能力范围内疗愈旧伤,找到现有关系中的支持和快乐,并让这些人际关系变得更好。这些方法是所有关系的基础,你可以将其应用在任何情境下。在书中,我用简短的篇幅重点阐述了它们的本质,这些章节覆盖很多领域，表述上有时直言不讳，提供了我数十年来作为伴侣和家庭心理治疗师的现实经验教训。在撰写这些内容时，我——一名白人、一位专业人士、一个年长的男性——站在自身立场上，不可避免地会遗漏一些重要的观点和问题。在阅读过程中，请根据你自己的需求和情况调整我所说的方法。

在本书第一部分和第二部分中，我们会构建支持自己及热心待人的重要基础；第三部分和第四部分将为处理冲突和挑战他人奠定基础；第五部分将详细探讨有效沟通，包括当局面紧张时该怎么办；第六部分将拓展关系的范畴，探索我们与社区、与生活中的所有事物，以及与这个美丽世界的关系。

书中每一章都阐述了一个完整的实践方法。虽然书中的章节都有其逻辑联系，但你也可以根据自己当下的需要翻到对应的章节阅读。在书中，我偶尔会提及一些研究发现，你能很容易地在我的书《大脑幸福密码》和《神经达摩》中找到参考资料，在互联网上也能找到。如果你在阅读过程中发现了我在其他地方说过的一些话，你可以更加深入地探索，或者略过。这本书没有涉及财务、性、育儿、网络欺凌、职场骚扰等重要话题，也没有谈到我们的关系可能受到性别歧视、种族主义和其他类型的偏见的影响。在书里，我主要使用的是性别中立用语。

生活中的每一天都给了我们学习、疗愈和成长的机会，我们只需不断尝试。你可以将书中的某些章节作为抱负，比如"说出心中所愿"（第43章），或"保持单方面美德"（第24章）。重要的是，你要不断朝着积极方向前进，不必苛求完美。

书中还介绍了一些你可以在自己的内心,或与他人一起做的具体的事情。为方便起见,我将它们统称为"指导方法"——你可以自行忽略那些不适用于你的方法。有些指导方法看起来简单明了,有些则需要你付出更多努力,并不断探索。找出对你有益的方法,其余的可以忽略。

你可以自己阅读这本书,也可以和一位希望改善你们之间关系的人一起阅读。本书无法替代任何疗法,或其他身体或精神疾病的专业治疗。我希望你在阅读这本书时,就像在与一位朋友讨论一段关系,共同探索其关键问题,并获得可以即刻起效的理念和工具。我希望你能从这本书中获益良多,并且无论你收获了什么,都能回馈世界,造福他人。

目录

第一部分 善待自己

第1章　对自己忠诚　　003
第2章　任它在，随它去，让它来　　009
第3章　感受平静的力量　　016
第4章　建立"关怀委员会"　　021
第5章　全然接纳自己　　027
第6章　尊重自己的需求　　035
第7章　自我关怀　　039
第8章　深知自己的良善　　043
第9章　信任自己　　046
第10章　馈赠自己　　049
第11章　宽恕自己　　051

第二部分　温暖自己的心灵

第 12 章　喂养"爱之狼"　　　　　　057

第 13 章　拥有同理心　　　　　　　　060

第 14 章　心怀仁慈　　　　　　　　　066

第 15 章　看见他人的良善　　　　　　070

第 16 章　理解他人的深层欲求　　　　073

第 17 章　友善待人　　　　　　　　　076

第 18 章　别将任何人从心中抹去　　　080

第 19 章　相信爱，选择爱　　　　　　085

第三部分　与他人和睦相处

第 20 章　别太往心里去　　　　　　　093

第 21 章　摆脱头脑中的战争　　　　　099

第 22 章　接受他人本来的样子　　　　104

第 23 章　放松点，你早晚会被批评的　108

第 24 章　保持单方面美德　　　　　　111

第四部分　维护自身权益

第 25 章　放下不必要的恐惧　　　　　119

第 26 章　找到内心的立足点　　　　　123

第 27 章	学会尊重并利用愤怒	128
第 28 章	诚实待人，公平竞争	134
第 29 章	拒绝欺凌	138

第五部分 言行明智

第 30 章	注意你的言辞	145
第 31 章	说真话	148
第 32 章	真诚地表达	152
第 33 章	学会提问	155
第 34 章	表达对他人的欣赏	161
第 35 章	使用更温和的语气	164
第 36 章	别泼冷水	167
第 37 章	满足对方的愿望	170
第 38 章	只为自己那部分原因负责	174
第 39 章	承认错误，继续前行	178
第 40 章	放弃对他人的"控诉"	181
第 41 章	被不公正对待时，顾全大局	184
第 42 章	退一步，找到更合适的沟通方式	190
第 43 章	说出心中所愿	196
第 44 章	有效协商，达成共识	205
第 45 章	调整关系，尽力修复	213
第 46 章	宽恕他人，放过自己	222

| 第六部分 | **爱这个世界**

第 47 章　爱上真实　　　　　　　　　　229

第 48 章　振作起来　　　　　　　　　　233

第 49 章　尊重投票的权利　　　　　　　236

第 50 章　珍爱我们的地球　　　　　　　241

致　谢　　　　　　　　　　　　　　　　243

第一部分
善待自己

第 1 章
对自己忠诚

几年前,我和朋友诺曼相约一起攀爬约塞米蒂国家公园费尔维尤穹顶的一条路线。我率先爬上一个陡峭的斜坡,在一块小岩壁上设好锚点,把诺曼的固定保护绳拴好,以便让他往上攀爬。突然,诺曼猛地失去支撑点,一脸震惊的他张开双臂朝后倒去。他的重量把我往下拽,好在锚点拉住了我,我阻止了他的下落。他抬起头,露出一个困惑的笑容,然后把手塞回岩石裂缝里,继续往上爬。

他知道我会阻止他跌落,我也知道有一天他会阻止我跌落。我们对彼此都很忠诚,虽然大部分时候并不会以如此紧张刺激的方式表现出来。我们对威胁保持警惕,饶有兴趣地倾听对方,在胜利时表示欣赏,在失败时表示同情。他照看我,我照看他。

大多数人都会对一些人很忠诚。但是,又有多少人对自己忠诚呢?你会像对待他人那样,给予自己同等的鼓励、支持和尊重吗?

根据我的经验,很多人很难做到忠于自己,至少在某些领域是这样。也许他们可以在工作中维护自己的权益,但在个人关系中,不知为何,他们认为自己没有权利支持自己。作为一名心理治疗师，我经常遇到一些很不快乐的人，考虑到他们的生活经历和当前关系，这是可以理解的。但是，他们认为自己的感受不值一提，似乎这些感受令人难堪，或仅是个人过失。对于他们的个人痛苦，他们只是不以为然地耸耸肩。他们告诉我，他们认为自己知道应该怎么做，但在内心深处，他们并不愿意让自己真的去做这些事。为了克服惰性和恐惧，我们必须继续前进，我们需要对自身的福祉做出坚定而忠诚的承诺。

对自己忠诚就像对其他任何人忠诚一样——你看到了对方心中的良善。你是一名忠诚的盟友，既富有同情心，又能提供支持。对于你自己来说，这一立场是你为自己采取每一个良好行动的基础。它就像指示灯，如果它不亮，即使添加再多"燃料"（包括后文中我们将探讨的能改善关系的方法）也起不了作用。但是，一旦"点燃"这盏灯，万事则皆有可能。当你开始为自己考虑，你"狂野而宝贵的一生"（正如诗人玛丽·奥利弗所言）才会在你面前显现出它的重要性。

忠于自己并不意味着自私。当你意识到什么对你而言是最好的，你便会明白"将欲取之，必先与之"；你也会明白，为了你自己，也为了他人，你需要将他人放在心里。明智的忠诚是心明眼亮，而非盲目不辨。为了帮助自己，你需要明白下一次你将如何做得更好。铃木禅师对学生说："你们本就完美……也可以再进步一点点。"对自己保持明智的忠诚，能够让你顾全大局，从长计议。例如，帮助你从终将失败的争吵中解脱。

当某个人忠于你时，那种感觉真的很棒。当你忠于自己时，你同样能获得绝佳的感受。想象一下，如果你始终致力于内心深处真正的兴趣，如果你在冲突中能给予自己情感支持，如果你在生命的每一天都能体验到强烈的价值感，那在你与他人的关系中有哪些方面会变得更好。

如何做

一个好的开始是，记起对某个你在乎的人那种忠诚的感受。这是一种什么样的体验？你可能会给予暖心的支持并坚定地捍卫其权益，同时觉知到他的内在存在，意识到其脆弱和珍贵。你知道对一个人忠诚是什么感受。

然后，将这种态度应用在自己身上。你可以想象一下，那个人和你都坐在你面前，你先对那个人说："我对你很忠诚……我会支持你……我考虑的是你的最佳利益……你的生命真的很重要……"然后你再对自己说出这番话。说这些话时，你有什么感受？是不是有些话对别人说很容易，对自己说却很难？

接着，尝试把下面这些话大声说出来，并关注自己的感受："我不是反对他人，我只是支持自己……我的需求和愿望很重要……我决心做对自己有益的事，即使这很可怕……"针对特定的问题，你可以在这些笼统的陈述上做改动，比如："我要在工作中维护自己的权益……我的需求和愿望在这个家庭中很重要……我要和朋友谈谈那次争吵，即使这很可怕……"告诉自己什么能让你动容,告诉自己什么对你而言很重要,在这一点上请相信你的直觉。

自我忠诚的阻碍

你在做这个练习的同时,也是在探索自己的心灵深处。请关注你发现了什么,尤其是任何犹豫的感受,任何你不允许为自己发声的感受,以及任何你觉得自己不配被支持的感受。自我忠诚的障碍很常见,尤其是:

- 认为这在某种程度上"违背了自己的原则",是自私的、不公平的、错误的。
- 羞耻感,感到自己不配得到善意和支持,甚至是来自自己的。
- 无价值感、无望感和无助感:"既然无论如何都行不通,何必多此一举?"
- 对自己的某些行为不屑一顾,漠不关心,甚至残忍无情。

接下来,我们将探索突破此类障碍的多种方法,仅仅意识到这些障碍就会带来很大的帮助。你可以对它们保持好奇,但不必认同它们。你可以识别出障碍源自何处,比如你的成长经历,或者他人对待你的方式。我们都是社会性动物,因此会自然而然地内化他人对待我们的方式(尤其是儿童时期),并以相同的方式对待自己。

你可以用下面这些问题来挑战支撑着这些障碍的观念:"这是真的吗?这种情况多久会发生一次呢?如果我可以对他人忠诚,他人也对我忠诚,那么我对自己忠诚又有什么错呢?"你可以告诉自己什么是真实的,比如:"在学校里我没能阻止霸凌的发生,但今天的我不是孤立无援的,我可以为自己挺身而出……那个叔叔的所作所为是他的耻辱,而不是我的;我没有残缺,没有污点,也不会不值得被爱。"

你会有一种摆脱障碍的感觉——你不再认同它,不再强化它,而是让它暗淡,让它消失。在你心里,它可能还在"那里",但你的内核已经与之分离。试着告诉它,它无法再控制你了,试着和它告别吧。

强化自我忠诚

回想一下你坚定不移地维护自身利益的场景,也许是某次当你不得不竭尽全力来熬过一个可怕的情境或一段糟糕的关系时。再次试着感受一下,那种力量给你带来了什么感觉,以便在你的内心中强化它。回想一下,你当时的眼神、表情是什么样的?欣赏你对自我忠诚的表达方式,并认识到它们的好处,比如让你对父母说出一些重要的话。

现在,你能感受到一些自我忠诚的感觉了。当你在体验这种感觉时,去探索它,包括它在你身体中的感受。当你维护自身权益时,请留意对你而言有意义且重要的事情。尽情享受吧!对自我忠诚的感觉敞开心扉,让这种感觉沉入心底,渗入骨髓。

你可以对自己做出神圣的承诺，承诺你不会让自己失望，你会对自己充满信心，不将自己置于他人之上，也不将自己置于他人之下。尊重自己，在漫长的人生之路上，始终与自己站在一起，始终支持自己。

第 2 章
任它在，随它去，让它来

压力乃人之常情，恼怒、伤心或担忧亦是人之常情。童年阴影久久挥之不去，过往的丧失和伤痛依旧会影响今天的我们。生活之旅诸多坎坷，世界似乎相当可怖。生活中的其他人也许令人失望，也许冷漠无情，也许充满敌意——有时甚至更糟。

可想而知，我们对所有事物都会做出反应。这些反应由大脑的消极偏见所塑造和强化，我们的消极经历就像魔术贴一样牢牢粘在脑海里，而积极经历则像不沾涂层似的转瞬即逝。

我们能做些什么呢？

一种选择是什么都不做，任由我们被触发、被劫持、被淹没或被冻结。我也曾处于这种状态之中——很多很多次。有时，我对某个人无比生气，这让我大发脾气、破口大骂，也让我自己遍体鳞伤。除了这些紧张激烈的情景，我们还会花很多时间忧虑，重温从前的谈话，或者反复沉浸在怨恨中。与此同时，你通常会变得长期焦虑、易怒或忧郁，感觉就像你被自己的思想困住了一般。

还有一种选择，即利用你的想法和感受，欲望和行动来进行练习。这意味着后退一步，在前行的人生路上不被它们所裹挟，而是慢慢把它们推向更好的方向。

我在一个父母相亲相爱、正派体面的家庭中长大，但我依旧经常闷闷不乐。准备上大学时，我的内心很纠结，那个时候的我需要做大量练习！多年来，我在临床心理学、冥想智慧和脑科学领域寻得慰藉。我所学到的关于锻炼心智的一切都可归结为以下 3 类：与正在体验之事待在一起；减少有害而痛苦之事；增加有益且有趣之事。你可以将心智想象为一座花园，你可以目睹它的变化——你可除草，亦可种花。总而言之：任它在，随它去，让它来。

如果不做练习，在面对内心的情感风暴时，我们往往孤立无援。而通过练习，我们拥有了选择，也开拓了一条通往疗愈和快乐的道路。让我们一起来看看应该如何做。

如何做

任它在

首先，与你的体验待在一起，对它敞开心扉，仔细观察，对你发现的任何东西都抱有接纳和善意。这种感觉就像坐在影院的第 20 排，观看你脑海中的电影，而非被困于屏幕之中。当你与体验待在一起时，它也许会开始改变。比如，你的烦闷感可能会慢慢消失，但你此时并没有试图直接影响这种感受。

假设你受到了批评，你可以从识别自己的各种反应开始，或许只是简单地在心里记下它们，比如"受惊……恼怒……他们怎么能那么说……这不公平！……伤心……想要反击"。研表明，只要给意识之河中的零碎杂物贴上标签，你就能帮助大脑杏仁核中的"警铃"平静下来。

你可以觉察体验中的不同方面，比如腹部收紧的感觉，或者为什么你是对的而他们是错的之类的想法。在类似愤怒的表层反应之下，也许存在其他更柔软的感受，比如悲伤，它也许来自幼时受到伤害的更深层的内在。你会明白，你将受到过往（甚至是创伤性的）事件或当前因素的影响，比如经济问题或持续的偏见。

能够与你的体验待在一起是其他练习的基础。有时，这就是你所能做的全部：或许当你经历了重大打击，或许你每次想起逝去的亲人时，那种深切的悲伤就会席卷而来。随着疗愈与成长，当各种各样的经历从你的意识中经过时，你会越来越多地停留在一种潜在的、具有复原力的基本幸福感之中。

但是，与体验待在一起并不是唯一的练习方式，有时我们也需要去处理它。痛苦或有害的想法、感受、习惯和欲望都基于神经结构和过程，如果没有付出积极的努力，这些神经结构和过程通常无法改变。任何你想在内心中培养的品质——从人际交往能力，到自我价值感、平静感和幸福感，都能通过刻意努力在大脑中产生特定生理改变，从而得到增强。

如同鸟儿飞翔需要两只翅膀，锻炼心智既需要与之"待在一起"，又需要去主动"处理"，唯有这样你才能"展翅高飞"。

随它去

假设你与某段体验待在一起,已经过了几秒钟或几分钟,甚至几天,你感到是时候开始处理它了。或许你被过往的痛苦淹没了,需要从中走出来,至少当下需要,你的眼泪已经流干了。又或许一种你再熟悉不过的反应被触发了,探索它已没有更多价值。

因此,你现在可以进入"随它去"的阶段了。你不是在抗拒你的想法和感受,而是温柔地释放它们。

还是以受到批评为例,你可以:

◎ 有意放松紧张的腹部,吸气,让它变得柔软而自在。
◎ 挑战你的某些想法,可以问问自己:这些批评中有哪个部分是不正确的——因此我无须担心它?……这些批评中是否有一部分是正确的——这样我就可以利用它了?……对于那些认为我愚蠢、失败或不讨人喜欢的想法,我会说"你错了!在各个方面,我都很聪明、成功,而且非常可爱!"
◎ 感受你的情感向外流动,逐渐消散。试着适当地发泄(以释放为目的,而不是让自己更激动),比如写一封永远不会寄出的信,或者只是让眼泪流一会儿。想象特定情绪,比如伤心或愤怒,随着你的每一次呼气而逐渐消散。
◎ 识别任何可能对你或对他人不利的欲望或计划,比如某些会让你后悔的过度反应。告诉自己这些做法不恰当的原因。
- ◎ 摆脱对过去的执念，专注于现在。想象你的手，像握石头一样紧紧握着你对这些事的反应，然后张开手掌，放下这些感受。

你不需要做以上所有练习！上述某一种练习对你也许有用，你只需遵从内心的指引，找到那个最能帮助你获得释放感，让你变得轻松且头脑清晰的练习。

让它来

接着，你便可以开始关注并强化那些有益且有趣之事。在心智花园之中，现在你可以开始在曾经杂草丛生的地方种上鲜花了。

例如，如果你受到了批评，你可以：

- ◎ 如果你为了保护自己而弯腰驼背，请站直一点儿。
- ◎ 对自己说出两三个"明智的想法"，比如，"每个人都会犯错，况且这不是世界末日……""每天，我都正确且有效地做了很多事……""我的本意是好的！"重复这些想法，让自己相信它们。
- ◎ 温柔地让自己回忆起积极的感受，尤其是那些能缓解批评带来的消极情绪的感受。因为批评会让你感觉被贬低、被拒绝，试着回忆一下和那些欣赏你、让你感到自己被重视的人在一起的感受。
◎ 明确你在未来几天想要达成的任何目的或计划。也许你可以从这些批评中得到很好的教训，包括远离那些对你不好的人。

当你在体验"让它来"时，与之保持呼吸或更长时间，感受它在你身体里的感觉，意识到它的乐趣或意义，这么做可以帮助这些体验在你的头脑中永久留存。如果你的神经系统没有这些变化，那一刻的体验可能会让你感觉良好，但你之后无法从中学到东西，无法疗愈，也无法获得更佳的熟练度、复原力或幸福感。除了体验本身，你还可以从中收获成长。

如果你知道，"让它来"能帮助你开发特定的内在资源，比如更加自信，那么你便可以想办法体验这些资源，然后让它深深扎根于你的内心，无论你去往何方，它都将成为你内在的一部分。

心智花园

当遭遇令人充满压力或痛苦的事情时，我们通常会经历一种从"任它在"到"随它去"，再到"让它来"的自然节律。但如果这件事相当令人苦恼，比如唤起了你过往的创伤，从"专注于——让它来——平静感或被爱的感觉"开始会对你有帮助，这能让你在感受合适的时候与这些体验待在一起。你可以想象：

面对痛苦时，你在乎的人都在你身边，他们同情你，支持你，鼓励你。

当你锻炼心智时，你会学到很多关于自身有趣且有益之事。你会变得更放松，能更有效地与他人相处，在冲突中能够更好地集中注意力，并从挫折中恢复过来。即使当你需要维护自身权益时，敞开心扉也会更加容易。你不会深受过往之事的影响，你能更好地处理在不完美世界中不可避免的压力和不公正。知道对自己的心智负责是一种什么样的感觉，并不断进行训练，当你在恰当的时机要求其他人也这么做时，你就会处于更有利的地位。

练习通常是循序渐进的。因此，即使处在非常艰难的境况下，也完全可行。事实上，一个人的生活越糟糕，练习就越有价值。即便你被困于糟糕透顶的外部世界中，你也能获得疗愈，每天在内心中收获成长。经过一次又一次呼吸，一个又一个神经突触的联结，你终将逐渐构建起深深嵌入神经系统的具有复原力的幸福感。

第 3 章
感受平静的力量

当我回顾 40 年的婚姻生活、抚养 2 个孩子的历程,以及与朋友、家人、同事及其他人的关系时,很明显,大多数痛苦经历和人际关系的错误都发生在我感到有压力和慌乱的时刻。

你也是如此吗?

当你觉得自己重要的需求没有得到满足时,就会感到压力倍增和慌乱。基于人类的生物学特性,每个人都有获得安全、满足、联结的基本需求(一般而言)。当我们感到这些需求得到满足时,身体就会自然安定下来,进行自我修复并补充能量。在大脑中,通常都有一种与平静、感激和仁慈相关的感觉,或许我们并不会清晰地意识到。这正是健康的静息状态,我称之为"绿区"。处于绿区时,你可以与身体或情感痛苦待在一起,而不会被它侵入或压倒。你可以自信而富有同情心地处理关系问题,即使你必须表现得很果断。

但是,当你觉得重要的需求没有得到满足时,你的身体就会进入战斗、逃跑或僵住的压力反应状态。与此同时,取决于未得到满足的需求,你的头脑中可能会出现如下感觉:

◎ 恐惧、愤怒或无助(当你感到身体或情感上不安全时)。

- ◎ 沮丧、失望、厌烦、冲动或上瘾（当你感到满足需求遥不可及时）。
- ◎ 伤心、羞愧、不胜任、嫉妒、怨恨或敌视（当你感到与他人没有积极的联结时）。

上述这类状态即是"红区"。这类状态有时不易觉察，比如当你与同事沉浸在伤害性互动中时。有时，这类状态十分激烈，比如当你与同伴争吵时。反复经历红区状态，即便看似温和，也会让你的身心健康受到损害。例如，美国公共卫生局局长维韦克·默西博士指出，长期孤独对于个体平均寿命缩短的影响相当于每天吸半包烟。

如何做

想要更多地处于绿区，更少处于红区，方法很简单：

1. 开发和利用你的心理资源，比如坚毅、自我价值和人际交往能力，来更有效地满足你的需求，而不必进入红区状态。
2. 当你觉得某种需求在当下得到了充分满足时——比如，一段关系可能并不完美，但你仍然感到和他人有很好的联结，被人所关心。这时，你可以放慢脚步，将这种体验在心中沉淀下来。一点一滴，循序渐进，你就会培养出内心的平和感、满足感和爱。

这本书就将告诉你如何做到第 1 点——在关系中开发和利用你的心理资源，同时也会偶尔提醒你做到第 2 点。当然，这也有助于你改善外部世界的环境以及你的内在状态，但这些改变可能很慢。同时，你也能迅速建立起促进更佳人际关系的态度和能力——从平静的力量开始。

归于中心

就某种程度而言，他人于我们，就像风一般——有时温暖而柔和，有时寒冷而狂暴。因此，如果我们能获得深深扎根的感觉——就像一棵苍劲有力的大树，则会很有帮助。这样，你便能够承受最猛烈的风暴而不会被掀翻。在你的身体里，副交感神经系统会促进这种平静和归于中心的感觉。试着做几个深呼吸，长长地吐气，并留意它带给了你什么感受。此时，你便在体验副交感神经系统的作用，因为此功能涉及呼气与心率减慢。你也可以扫描你的身体，一步步释放身体不同部位的紧张感——这也需要副交感神经系统的参与。重复多次，研究表明这种放松反应是一种非常好的习惯，它甚至能改变你大脑中的基因表达，让你更具复原力。

如果你陷入了红区，那么你可以做几个长长的呼气，以增加副交感神经的活跃度，减少交感神经系统的活动。当我们紧张时，交感神经系统会加速运转。自主神经系统的这两个分支就像跷跷板的两端：当一端抬起时，就会把另一端压下去。

当你呼吸时，可以仔细感受空气的涌入和流出，感受肺部的扩张和收缩，这将帮助你获得深深扎根和稳定的感觉——即使当来自他人的微风向你吹来的时候。

觉察到当下的一切都好

大部分进入大脑的信息都来自你的身体内部。除非你正在经历强烈的身体或情感上的痛苦，否则这些信号就像守夜人的呼唤："一切都好，一切都好。"你在呼吸，你的心脏在跳动，器官在运作，思维在运转，意识在延续。也许一切远没有达到完美，但总的来说，你还不错。不论过去如何，未来如何，当下的你一切都好。

注意到这一点极其有用！

这能让你感到安心和平静，它是缓解焦虑的灵丹妙药。如果你确实一切都好——通常情况下都是，你便能在当下发现自己立足于一种"一切都好"的感觉之上。在你的立足点边缘也许仍有痛苦和悲伤，也许仍有真正需要处理的问题，但在你内在的中心点，你还不错。认识到这一点并真正感受到这一点，并不意味着你要忽视威胁或骄傲自大。当你必须对伤害你或伤害他人的人采取行动时，这样做实际上会让你更加强大。

请试着：在呼吸的过程中，不断留意这样一个事实——总体而言，你还不错，帮助自己获得安慰，缓解不安或紧张感。如果你的思绪游离到了过去或未来，这很正常；你只需回到当下，留意当下、当下、当下的你，一切都好。

觉察到自己很强大

很多人都不明白自己有多么强大，实际上，他们拥有坚定的决心、明确的目标和坚定的信念。所以，即便你的外表看起来不像健美运动员那么强壮，也不影响你拥有勇气、耐心和耐力。

花点时间去感受内心的力量。你可以在呼吸中，在活动中感受到自然的活力。请回忆一个你曾感到强大的场景，也许是在荒野使用工具时，也许是在瑜伽练习中保持某个姿势时。回忆一下，当你被某个东西撞倒但又重新站稳脚跟的场景，这一恢复过程就体现了你真正的力量。感受一下潜藏在你身体中的这些经历，觉察它们好的方面。

如果你愿意，可以在回忆一段艰难的关系时保持强大的感觉。想象一下，对方说话很强硬，可能是在批评你或命令你，而你只是在内心深处保持强大的感觉。不断回忆并增强这种力量感。你可能会感到紧张、不自信或悲伤，与此同时，也会对内在力量拥有更深刻的认识。仅仅是这样——在面对挑战时感到内在的强大，这将帮助你在世界亮起"红灯"时保持冷静和专注。

第 4 章

建立"关怀委员会"

我们都知道关怀他人是什么感觉,比如对朋友、伴侣或宠物。关怀是一种温暖的联结感——一种从你身上流淌向他们的美好之物。

让自己感受到被他人关怀同样重要,就是感到自己被接纳、被看见、被欣赏、被喜欢,或被爱。

想要被他人关怀可能有点儿……令人尴尬,但这是一种完全正常的欲望——作为社会性动物,它根植于我们的生物本能。从 2 亿年前最早的哺乳动物出现开始,我们的祖先在很大程度上就是通过互相照顾从而进化的。在人类存在约 30 万年的时间里,人类大多数时候都是以 40~50 人的小型狩猎—采集群体存续着,被群体放逐基本等同于被宣判死刑。因此,与他人建立联系对一个人的基本生存至关重要,那些不在乎能否得到他人关怀的人不太可能把他们的基因传递下去。可见,我们会渴望得到他人的关心根本不奇怪!

今天,被理解、被重视、被珍爱也许不再是一个生死攸关的问题。研究表明,感受到被他人关心可以降低压力、增加积极情绪、增强干劲,并促进复原力。不幸的是,我们中的很多人都经历过被抛弃、被拒绝、被羞辱或被虐待——通常是在我们特别脆弱的童年时期。即使过往经历中没有留下创伤（"坏"的存在），但我们也会有明显的匮乏——一些重要事物的匮乏："好"的存在。我们都需要感受到被需要、被认可、被呵护。像这样的社会供给可以滋养我们的情感和心灵，就像好的食物可以为身体提供营养一样。举个例子，我没有受到过欺凌或虐待，但是因为我很害羞，在学校里年纪很小，而且父母非常忙碌，所以我得到的社会供给就像一碗稀汤。最终，我仍感到自己的心里有一个巨大的空洞。

无论是为了减轻过去的痛苦，还是为了正常生活，感受到被他人关怀都非常重要。对我而言，这是促进自身疗愈的重要部分。无论过往如何，无论今天的生活多么艰难和孤独，我们总能找到一些方法来感受到来自他人真正的关怀，并逐渐填补心中的空洞。

如何做

让我们从困难的部分开始：敞开心扉去感受被他人关怀，这会让你回想起过去不被关怀的经历。也许你有一位冷漠疏离、吹毛求疵的家长或伴侣，看似不起眼的被冷落、被辜负或被羞辱的经历往往会留下痛苦的痕迹。试着让这些感受自然流动，接纳它们，将它们存放在广阔的意识空间中，这样才不至于被这些感受所淹没。

然后，做一个深呼吸，转向真相的另一面：过去你得到关怀的方式和时间，以及今天得到关怀的方式和时间。这些是真实存在的！在每个人的生活中都是如此。关怀分不同的程度——从轻微到强烈，从被接纳、被看见、被欣赏到被喜欢，甚至被爱。也许它不够完美，不够持久，因此我们很容易认为它不够好。但是，关怀始终能够为饥渴的心灵提供真正的养分。

创建情绪记忆银行

寻找一天中，你得到关怀的事实，其中大多数关怀都是他人真诚地表达体贴、友好或挂念的片刻。尽管这些都是很不起眼的微小时刻，但它们是真实的，并且你能通过认可这些时刻，产生被他人关怀的感受。试着放慢脚步，仔细体会这种体验：被接纳的感受是什么样的？被看见或被欣赏的感受是什么样的？在你身体中涌动的被关怀的感受是什么样的？被喜欢的感受是什么样的？被爱的感受是什么样的？

基于你的个人经历，这样做可能会激起你对失望甚至背叛的恐惧。这是多么辛酸而悲伤：我们都渴望被关怀，但为了避免再次受到伤害，我们可能会把这种感受推开。这种怀疑是正常的，如果出现了，你可以再次回想你真正得到关怀的事实。

试着找出那些关怀你的人。例如，回想一个令你感觉良好的团队，在工作中尊重你的人，富有同情心的朋友和家人，你最喜欢的宠物等。他们（它们）确实感激你，他们（它们）确实喜欢你，他们（它们）确实希望你一切顺利。你能做一两次深呼吸，敞开心扉，去感受这些吗？

你也可以回想过去你得到的关怀。也许是烤饼干的爷爷奶奶，也许是队友和老师，也许是父母和导师——这些人看到了你身上美好的一面，为你敞开心扉，为你祝福。他们中的一些人可能已经不存在于你的生活之中了，你也可能会为此感到悲伤。尽管如此，当你想起他们过去对你的关怀时，你仍能在当下再次感受到被关怀。

知道被关怀是一种什么样的感觉。体会这种体验，让其在你的身体里流动，并关注让你感觉良好的地方。这些温暖美好的感受就像修复香膏，你可以用它抚平旧日伤痛，甚至弥补心灵深处的自己儿时的缺失。在入睡之前，回想一下被关怀的感觉，在这种感受中沉寂下来，将它编织进你的呼吸、身体和梦境。事实上，这么做便是往情绪记忆银行中"存款"。往后，当面对生活中的挑战时，当遇到无知或冷漠的人时，你便能让自己沉浸在你曾被人关怀，以及你正被他人关怀的感受中——不论发生什么。

你的关怀委员会

在你的内心中存在不同的子人格、观点、"声音"或"力量"，这并不稀奇，我们将在下一章中探索这个问题。举个例子，"我"的一个部分设定好了早起锻炼的闹钟，而"我"的另一个部分则在第二天早上说，"不，今天不行，继续睡吧。"

"我"的有些部分还会摧毁"我"："这是个巨大的错误""你总是把事情搞砸""没有人会真的爱你"；而有些部分会用现实的指导、同情和善良让"我"振作起来；有些部分会联合在一起形成内在攻击者；有些部分则形成内在支持者。不幸的是，对许多人来说，内在攻击者就像巨大的哥斯拉，而内在支持者则像小鹿斑比。

认清内在攻击者很有帮助：它也许是出于好意，但有些太过分了。你可以试着后退一步，不要认同它；再看看它是否会提供一些有用的信息，然后把注意力转移到别处。与其像那些讨厌的"网络喷子"一样和它争论，不如集中精力培养你的内在支持者。

要做到这一点，一个很好的方法是在你的内心设立一个"关怀委员会"，让它以各种方式为你提供帮助。我自己的关怀委员会包括对那些爱我的人的内化感受，如好朋友、严厉但友善的教练和精神导师等。我拥有一种愚笨的想象力，因此也拥有和欧比旺·克诺比①，甘道夫②和《睡美人》中的仙女教母一样的感受。当你和那些以某种方式关怀你的人在一起时——他们也许真的在倾听你，给你好的建议，或者为你欢呼，你可以放慢脚步，将这种体验融入你的内心，逐渐增强内在支持者的神经基础。你甚至可以列一份名单，或画出"关怀委员会"的成员。

当你感到伤心或孤独时，你可以把内在的频率调谐到支持性的部分。想象一下，你在倾听他人的关怀，并得到情感支持和明智的建议，就像你拥有一位内心中的好朋友。你可以想象，

---

① 《星球大战》系列衍生作品中的人物，是一位绝地大师。——译者注
② 英国作家J.R.R.托尔金的奇幻小说《精灵宝钻》《霍比特人》和《指环王》中的主要人物。——译者注

"关怀委员会"正在支持你对抗内在攻击者。你可以写出他们之间的对话,这也是一种有力的练习。你可以感受到"关怀委员会"正在保护和培育你内心中的某些部分(我们都有),那些年幼、柔软或脆弱的部分。

当你通过各种方式,增强了内在被关怀的感受时,你自然会变得更加关心他人。值得注意的是,当你感受到自己被他人关怀时,这对他人而言也是件好事。

第 5 章
全然接纳自己

如果你和婴儿或蹒跚学步的孩子相处过,你便能看到自己多年前的模样。我们生而完整,坐拥一切——包括所有的情感和欲望。就像一栋豪宅,所有房间的门都敞开着。

接着,生活开始了。如此多的情景和人物,欢愉与痛苦……渐渐地,房门也许会关上,将屋里的东西锁在里面。当孩子长到 15 个月时(我的博士论文中研究的幼儿年龄),你可以看到这些小家伙之间的明显差异。一些孩子依旧会保持开放状态,心理上整合良好;而有些孩子已经学会了压抑自己的某些感受,内心变得分裂——这正是我所经历的情况。在我最早的记忆里,大约从 2 岁开始,我与他人相处时就小心翼翼的。随着岁月的流逝,我失去了更多感受,尤其是那些更温柔、更脆弱的感受。我渴望与他人亲近,又担心如果我放松警惕,他们就会发现我的秘密。

如果你压抑或否认自己内在的某些部分,就很容易对自己感到懊恼,觉得自己有令人讨厌、软弱、可耻或不讨喜的东西。要压抑的东西如此之多,你可能会感到不安和紧张。最终,你会在他人面前表现得唯唯诺诺,导致他们远离你无法接受的自己。

如何做

诚然，在我们的头脑"豪宅"中的一些房间里存储着需要调节的强烈情绪和冲动，但至少我们可以在这些门上加一扇窗，以便知道门后面是什么。你可以明智而恰当地向他人展示自己，同时充分地向自己展示自己，这样做能培养更强烈的自信和自我价值。你可以在他人面前更自在地做自己——更开放、更脆弱、更真实，你无须戴上社交面具、压制自我，或担心他人的评判和认可。

接纳所有的体验

在第 2 章中，我们探索了简单地与流经你意识的事物待在一起。有了这种对待自身心灵的态度，你便可以对体验的五大方面敞开心扉：

- 想法——信念、诠释、观点、想象、记忆
- 感知——感觉、视觉、声音、味觉、嗅觉
- 情绪——感受、态度
- 欲望——希望、愿望、需要、渴望、梦想、价值观、意图、计划
- 行动——姿势、面部表情、手势、行为

问问自己：我是如何与体验中的每一个方面保持联系的？是否有某些体验是被我忽略、被我推开、令我害怕或让我否认

的——比如愤怒或某些童年的记忆？就我个人而言，我感觉自己成年后脖子以下就像麻痹了一样。我意识到了我的想法，但剩余的内心世界就像一块禁地，我不得不慢慢地"收复"它。下面的小练习对我很有帮助。通过反反复复地练习，改变缓慢但确有成效。我强烈建议你尝试一下：

1. 选择任何一个你喜欢的时间——当你放松时，或当某事（或某人）困扰你时都可以，稍微放缓脚步，做几个深呼吸，建立一种冷静且感到被关怀的基本状态。
2. 问问自己："我正在经历的是什么？"后退一步，观察你的想法……全身的感觉……情绪，如悲伤这种柔软的情绪以及像愤怒这样坚硬的情绪……欲望，从轻柔的念想到强烈的渴望……还有行动、姿势、面部表情和动作。专注当下，见证你当下的体验，与之保持联系，但不被它冲昏头脑。
3. 如果你正在抵制某事，对其感到紧张，或正将其推开，请保持觉察，看看你是否能放下这些做法。试着软化并开放当下意识中的内容，让其自然流动。对更深层、更年幼、更强烈、更不安、更脆弱的事物保持开放。

如果有什么事让你感到难以承受，那就后退一步，重新建立一种开放平静的状态，然后再看看你是否能重新对其进行觉察。从体验的一个方面转向另一个方面是没有问题的。简单地对事物进行标记可能会对你有帮助，比如"感到受伤……腹部很紧张……怨恨……报复的念头……感到对他人失望……童年的记忆……"等。

试着接受体验本然的样子，不要对其进行价值判断。它也许是痛苦的，也许是愉悦的；无论如何，它真实存在着，它是一种人类经历，各种原因和条件促发了它，其中许多因素都超越了你自身，拓展到其他人、其他时间和其他地方。你可以轻柔地对自己说："我接纳我＿＿＿＿＿＿的感受。我接纳我＿＿＿＿＿＿的愿望。我接纳＿＿＿＿＿＿的想法正在涌现。"正如心理学家和正念教师塔拉·布拉赫所说，你可以对自己说："这，同样是我的一部分。"

留意接纳你的体验是什么样的感觉，觉察任何更强烈的舒适感、集中感、完整感，或平静感。拥有勇气和力量，对意识中浮现的所有事物敞开心扉，要对这样的自己心怀感激。

接纳自身的每个部分

大脑是目前科学已知的最复杂的物体。在你的大脑里有大约850亿个神经元，另外还有1000亿个支持细胞，它们组成了不同的脑区——比如前额叶皮层、杏仁核和被盖，以完成不同的功能。一个神经元会与其他神经元建立几千个神经连接，形成一个由几百万亿个突触组成的庞大网络，每个突触都像一个小小的微处理器。难怪神经科学家查尔斯·谢林顿称大脑为"魔法织布机"，不断地编织着意识之锦。

大脑有许多部分,你的内在也有许多部分——其中有些部分也许紧张又焦虑,有些部分也许放松且勇敢;有些部分偏好秩序,有些部分渴望野性;有些部分很健谈,有些部分通过图像和感受来交流;有些部分像个成年人,有些部分像个孩子;有些部分想要吃/喝/闻某种特定的东西,或吹毛求疵地喋喋不休,或对他人耿耿于怀;有些部分会提供深刻的内在智慧;有些部分希望靠近他人,而有些部分也许想要远离大众。

受到赞赏和奖励的部分会往前挤,它们通常是我们展现在世界面前的部分;那些令我们在孩童时期陷入麻烦的部分,通常会退缩到阴影之中,也许带着羞耻感……或日益增长的愤怒。当我们对他人反应过度时,常常是因为我们在他们身上看到了一些我们所鄙视和排斥的,且我们自身也存在的东西。

从莎士比亚("生存还是毁灭")和弗洛伊德("本我、自我、超我"),到理查德·施瓦茨的"内在家庭系统"理论,这种内在复杂性早已被人们所认知。正如诗人沃尔特·惠特曼所说:"我包罗万象。"这很正常——这不是你个人的问题,而是朝着更全面地接纳自己迈出的一大步。(若是极端的内心冲突、自我分裂,以及所谓的分离性身份识别障碍则需要寻求专业帮助,这些并不属于本书讨论的范畴。)你的每个部分都在试图帮助你,即使是以错误的方式。你可以扩展你的自我意识,直至包含你的所有部分。这能缓解内在冲突的紧张感,利用每个部分的天赋,缓和你与他人的关系,并带来内心完整的平和感。下面,让我们以 3 种体验式方式进行探索。

通过列清单、绘画或想象，来确定内在的某些部分

用一个词或短语为你内在的每个部分命名。例如，我可以给我的某些部分贴上这样的标签："叛逆的孩子""控制欲强的父母""樵夫""和尚""顽强的工人""愤怒的战士""幽默的傻瓜""世界的悲哀见证人""鼓励者""受伤的弃权者"……尽情发挥你的创造力，想象内心的智慧之树、雅典娜、蛇、骗子，或摇滚明星。试着去发掘自己美丽、重要、宝贵的部分——品质、意图、意向、直觉、能力——那些你可能忽视、压抑或拒绝的部分。对你希望更多地呈现给他人的部分表示认可，无论是什么，它们都是你！

接下来，想象你的各个部分围坐成一圈，坐在一张大圆桌旁。了解你的核心，一个意识、善良、智慧以及决策的中心："我"的本质。然后从这个中心开始，识别出内在的每个部分，在心中这样说（喊出该部分的名字）："我认出你了，你是我的一部分，你在用你的方式帮助我。我容纳你，我接受你。谢谢你！"注意对自己不同部分的反应，尤其是那些被你推开的部分。试着接受每个部分原本的模样，接受完整的你确实包括这些部分，即使你需要进行调节。记住，你可以接受自己的每个部分，而且不会被其操控。

与你的某些部分对话

要做到这一点，一种简单的方法是想象你的核心正在与其中一个部分交谈：不要试图说服或改变它，只是倾听。下面展示

了一个简短的对话样例，与之对话的部分是"自由奔放的孩子"。

核心（"我"）：你好，自由奔放的孩子。我真的很想和你谈谈。你愿意和我谈谈吗？

自由奔放的孩子：好吧！但是别太无聊！

核心：好，我会尽量不无聊。你喜欢玩耍吗？

孩子：当然！

核心：你特别喜欢做的是什么？

孩子：我喜欢到处跑，玩得尽兴，不用一直工作。

核心：你会因为我工作太忙而感到难过或生气吗？

孩子：会，我又难过又生气！

核心：谢谢你告诉我。你还有什么要说的吗？

孩子：不，不是现在。这场对话越来越无聊了。

核心：好的，现在我们可以停在这里。谢谢你和我交谈。

记住，你的核心不必认同任何部分，也不必照它说的做。你可以不断重新建立平静的状态。试着对不同部分的态度和欲望保持开放心态。有趣的是，你给各个部分越多的表达机会，它们就越容易稳定下来，并且彼此保持联系和平衡。

把"自己的各个部分"的概念应用到一场特定的冲突或一段具有挑战性的关系中

假设刚才你的伴侣批评了你，你与他发生了一场争吵。你可以花几分钟时间，问问自己如下问题（括号里给出了一些可能的答案）：

> 我的哪个部分被这件事激怒了？（感到受伤的部分；愤怒的部分；想要被爱的部分）
>
> 好的，让我们来倾听一下每个部分的心声。你有什么要说的吗？（感到受伤的部分："我真的很伤心。"愤怒的部分："这不公平，让我们逃离这里吧！"想要被爱的部分："我只是想要感到被关心，不想受到伤害，不想被推开。"）
>
> 有哪个部分需要得到我更多的倾听吗？在这段关系中需要表达更多？（想要被爱的部分。）
>
> 有没有哪个部分是我需要更加注意，不让其操控我的？（有，愤怒的部分。）
>
> 嗯。现在我已经为这些部分腾出了空间，我感觉如何？（可能更平静，更完整统一。）
>
> 将这些部分都考虑在内，我该做什么？哪种做法是最优选择？（告诉伴侣，我确实希望倾听他的愿望，但不希望他带着愤怒和指责来传达。）

通过这种练习，你就不会因为这些意见不合的"声音"和内心的反应而左右为难，它将帮助你在他人面前变得更加开放和真实。你将感到自己不再会被某个特定的部分所控制，而是拥有更强烈的整合感。

第 6 章

尊重自己的需求

我们充满依赖性，需要许许多多的东西来满足生存、快乐、爱的需求，以及所有想要达成之事。每一秒，我们的生命都依赖于氧气，依赖于"呼出"氧气的植物，依赖于驱动光合作用的太阳，还有数十亿年前因大爆炸的其他恒星，它们制造出我们呼吸需要的氧原子。从受孕的那一刻起，我们就需要其他人。你、我以及每一个人都是孱弱的、柔软的、脆弱的，我们易被小事伤害，并且极度渴望爱。如果我们接受这一真相，我们对待自己或他人便不会太过苛刻。

很多人会对自己的需求和内心深处的渴望感到匮乏或羞愧。我不试图区分"需求"（need）和"内心深处的渴望"（deep want），我会将这两个词当作同义词来使用。但需求是正常的，人人都有。只要认识到这一点，就能让你平静下来，减少自我批评。让他人更好地满足你的需求的第一步，就是尊重你自己的需求。

如何做

你可以尝试在心里、大声说出、在纸上写下，或与一个信任的朋友试着做一个小实验，以下面这句话开始："我需要

_____。"将句子补充完整，一遍又一遍地尝试，想到什么就说什么，即使这么做看起来很傻。随着你不断重复完成这个句子，你会发现你正在不断深入，抵达更加基本的需求。当你感到已经表达出自己的想法时，至少在当下来说，你可以试试不同的表达方式："我真的想要_____……感到_____对我来说很重要……当我得到我需要的，_____。"接下来，把注意力集中在一段或多段特定的关系上，再次尝试这个练习。

然后，选择你的某个需求，对自己说出如下的话："我真的需要_____……我接受我真的很重视_____……_____对我来说非常重要……我需要_____是很正常的。"试着让自己的内心变得柔软，让自己对拥有这个需求感到正常。

接着，问问自己，在这个需求之下，你是否还有更深层的需求。例如，你可能会想："我需要配偶更多的赞美。"赞美是满足更深层需求的一种手段，比如需要自我价值感。我们可能会深陷于试图满足表面的、仅作为手段的需求，有时也会执着于他人特定的话语或行为。其中一个原因是，谈论这些深层且脆弱的需求"代理"会让人感觉更安全。比如，当我的孩子还很小的时候，我问妻子，我下班回家后她是否可以给我一个拥抱。当然，爱的感受是很美好的，但我真正需要的是感到我作为个体对她来说仍然很重要，而不仅是孩子的父亲——大声说出这个需求显然要可怕得多。即使你能让某人说出"适当"的话，但如果没有直达自己的深层需求，你也许永远不会感到满足。

如果你确认了内在的某个深层需求，想一想你可以做些什么让它更充分地得到满足。（同样，对于其他需求也可以重复这个过程。）需求埋藏得越深，满足它似乎就越困难。但实际上，我们最深层的需求通常都与拥有某种重要的体验有关，比如感到平静、知足或被爱。当你把注意力从必须以某种方式面对现实，比如从获得赞美或拥抱，转移到你内心需要的感受上时，通常就能想出很多方法帮助自己获得那种体验。这真是一种妙不可言的解脱感！问问自己："如果其他人做了或说了我希望他们做的事或说的话时，我的内心深处会有什么感受？"然后再问问自己这个关键问题："我要如何帮助自己获得那种体验，而不受他人行为的束缚？"

举个例子，如果你想获得更强烈的自我价值感，你可以发掘他人欣赏你和看重你的其他方式，且不需要他们说出来。你可以挑出一些在一天之中完成的事情，尽情体会你自身的能力。比如，在早上起床之前以及晚上睡觉之前，你可以在心中体会基本的良善感以及对他人的关爱。所有这些都完全在你的能力范围之内。当然，也有一些方法可以让你巧妙地与他人交谈——包括谈论他们的需求，关于如何做到这一点，请参阅本书第四部分和第五部分的章节。但这太容易让你陷入需求未被满足的感觉，因为，你知道的，有些人就是不会以你想要的方式行事！你可能会感到无助，甚至绝望。为更充分地尊重自己的需求制订方案，这是一种很棒的方法，尤其是在你的成长过程中，或是当他人对待你的时候，你的需求常被批评或轻视。

与其等着他人来满足这些需求，不如自己担起责任，尽你所能去体验内心深处的需求得到充分满足的感受——这种做法充满了力量、希望与疗愈。虽然我们确实需要依赖他人，但我们可以在这种依赖的范畴内承担起责任。随着时间的推移，这可能会让你更容易从别人那里得到自己想要的东西。

最后，思考一下你是如何依赖……你自己的。今天的你，是数以千计个从前的你迭代而成的。就像接力赛的跑者，每一天，你都把接力棒交接给第二天醒来的自己。不论你过去犯了什么错误，想一想你曾经为自己的生活做出了多少大大小小的贡献，包括你解决的问题、达成的目标、烹饪的菜肴、建立的关系、取得的教训等。想象一下从前的许多个你，对他们表示感激。这样做你有什么感受？

展望未来，想一想，基于今天的所言所行，你的未来会是什么样子的？不要带有压力，而是温和地想象，要明白，你的未来完全掌握在当下的你的手上。对于你将要成为的这个人来说，什么才是重要的？今年此日，你能做些什么，让未来的你拥有安全、健康、快乐和安逸的生活？

第 7 章
自我关怀

想象一个深陷痛苦的朋友或一个陌生人，他们也许因为一天长时间的工作而疲惫不堪，或对他们的孩子充满忧虑。他们也许身患慢性疾病，身陷财务危机，或在倍感孤独时渴望伴侣的陪伴。

如果你知晓他们的痛苦，你就会对他们感到同情。你共情他们的经历，热切地关心他们，并渴望尽你所能提供帮助。

但如果你就是那个深陷痛苦的人，你对自己会有同情之心吗？大多数人发现，对他人表示共情和支持要比对自己容易得多。

然而，大量研究表明，自我关怀（self-compassion）有很多好处。从克里斯汀·内夫教授的开创性工作开始，许多研究都发现自我关怀会让人更具复原力、更加自信、更有抱负。它能缓解压力，减少严厉的自我批评，增强自我价值感。在充满挑战的关系中，自我关怀能降低他人对你的影响，消解愤怒，帮助你以更具自尊和真诚的方式互动。它并非让你沉溺于自艾自怜，它会让你更加强大，而不是更加脆弱。当你被生活击倒时，从对自己多点儿同情心开始，然后你就能想出下一步该怎么做了。

如何做

痛苦是一种宽泛的说法，它既包含身体痛苦，又包含精神痛苦，且痛苦的程度也有轻有重。痛苦不是生活的全部，但对每个人来说，它肯定是生活的一部分——不幸的是，对许多人来说痛苦是生活中很大一部分。精神痛苦包括悲伤、恐惧、受伤及愤怒的体验，还包括压力、麻木、孤独、沮丧、失望、内疚、羞愧、消极反思、自我批评，以及缺失感或出错的经历。人生不易，我们皆在负重前行，我们都会失去所爱之人，我们均面临着疾病、衰老和死亡。

你能花点儿时间关注一下自身的痛苦吗？这也许是一种疲乏感，对今天要完成之事的不安，或者对某段特定关系的心痛。不论是什么，痛苦就在那里真实存在。

让我们痛苦的源头不胜枚举，内因和外因都有。不论痛苦的来源是什么，痛苦就是痛苦；不论原因是什么，你都可以将同情引入其中。你可以对自己怀有同情之心，即使你认为自己需要为某些痛苦负责。

一旦你承认了你的痛苦——任它在，而不是将其推开，你就能关心它并为它提供支持。同情是苦乐参半的，它既有痛苦的"苦"，又有美好期盼和亲切关怀的"甜"。在意识到"苦"的同时，还要将注意力主要集中在"甜"上。如果你的注意力被痛苦吸引，或者不小心陷入批评自己或他人的怪圈，就把它拉回到（如果需要，可以反复这么做）关心和支持的感觉上。

当我们感受到同情时，就会产生一种尽自己所能来减轻痛苦的自然倾向。然而，有时我们无能为力，但你的同情心仍然是真诚的；它本身也很重要，即使你无法"修复"什么。你所面临的情况可能很棘手——也许是一个不愿和你说话的家人，或者一份为了保住医疗保险而不得不干的压力重重的工作，但你仍然可以为自己带来温暖和尊重。

假设你在一段充满挑战的关系中感到紧张，甚至心烦意乱，试试下面这种自我关怀的延伸练习。

> 尝试感受平静和强大的感觉……还有被关怀的感觉。接着，记起你在乎的某个人……识别出他的一些痛苦……为他感到同情……了解富有同情心是一种什么样的感受。
>
> 然后，觉察你在这段充满挑战的关系中经历了什么。主要关注你的情绪、感受和渴望，试着摆脱对过去事件的苦思冥想。你可以轻柔地给痛苦的各个方面命名，比如：悲伤……恼火……有点儿震惊……太累了……担心……心头的重压感……感觉像个被送到校长办公室的孩子……喉咙发紧……高中时被团体排挤的记忆……脑子里一直在想我该说些什么……为什么就没人替我说话？！……非常生气……受伤，真的很受伤……
>
> 当你承认自己的感受时，为自己找到一些理解和温暖，就像对一个有同样感受的朋友一样。你可以想象自己坐在椅子上，或者感到自己内心的某些地方受伤了。以任何你

觉得合适的方式，让你的关怀、温柔的关心和支持流向痛苦之处。在心里，你可以轻柔地说出这样的话："是的，这很难……是的，这很疼……有这种感受是正常的，其他人也会有这种感受……愿我不再受苦……希望这能得到缓解……愿我能平和泰然……"你可以认识到我们"共同的人性"，我们之所以会感到痛苦，因为我们是人类。你并不孤单，在这个世界上，当下的很多人都有和你类似的感受。

你可能会感到温暖和善意像波浪一样从你身上向痛苦蔓延。试着想象或感受同情正在与痛苦接触，也许它深入至内心的受伤之地，也许它在与你幼年的部分交流。你可以把手放在心口或脸颊上，或者给自己一个拥抱，来加深这些感受。

然后，你可以做出一点儿小小的改变，探索自己接受同情的感觉。被他人同情是一种什么样的感受？你能让自己感受到同情吗？从某些方面来说，你能感受到被看见、被理解、被支持吗？即使这些感受仅源于你自己？

当你完成自我关怀练习时，你可以看看，对于你可以采取的巧妙行动，用来应对这一挑战性关系方面，你是否有了任何直觉或打算——在头脑中、言语中，或行为中？你可以想象自己正在采取这些行动，体验它们的益处，为了自己和他人主动采取这些措施。

第 8 章

深知自己的良善

许多人都很难相信这一点:"我基本上是一个好人。"你努力工作,认真学习,帮助他人——但是,深信自己真的很棒?不可能!

我们最终会在很多方面都觉得自己不够好。在童年时期,你可能会有大量被挑剔、被羞辱的经历,遭受道德谴责和其他批评——也许成年后会经历更多。你可能体验过无价值感、无能感以及不被爱的感觉,也许还有内疚感和自责感。几乎每个人(包括我自己)都做过、说过或想过坏事,比如撞到小动物,心烦意乱地开车时拿孩子的生命冒险,对脆弱的人刻薄,在商店偷东西,或者欺骗伴侣……你不需要犯重罪,就会认为自己不是个好人。

当然,我们也会有一些健康的自责感。但是,在我们正直的过失中闪耀着一种潜在的、无处不在的良善。在我们的内心深处,几乎所有意图都是积极的,即使它们会以有问题的方式表达出来。当我们不再被痛苦、丧失或恐惧所困扰时,我们的大脑就会默认处于一种平静、满足和关怀的基本平衡状态。而且,你可以以一种神秘而深刻的方式,在生命的核心中感觉到一种内在的——也许是超越个人的——爱和仁慈。

相信我，事实上，你基本上是个好人！

当你感受到自己天生的良善，就更有可能以好的方式行事。深信自己的良善，你就能更好地发现他人的良善。看到自己和他人的优点，你就更有可能尽己所能，在我们共享的世界中创造美好。

如何做

下面是5种深信自己是个好人的有效方法。你也可以随时进行补充。

1. **体会被关心的美好感受。** 当你有机会感受到被包容、被看见、被欣赏、被喜欢或被爱时，花一次呼吸的时间或更长时间体会这种感觉，沉浸其中，并任其融入你的内心。

2. **认识到你的想法、言语和行为中的美好。** 例如，认识到你的积极意图，即使你不能总是成功地实现。当你抑制住愤怒、克制了上瘾的冲动，或是对他人表达同情和帮助时，请多加留意。试着欣赏自己的勇气、决心、善良、慷慨、耐心以及看到真相的意愿。不论它是什么，你正在认识自己。在你的头脑中为这种认知创建一个避难所，保护它不受那些通过贬低他人来抬高自己的人的影响。

3. **感受你生命核心的美好。** 它存在于每个人的内心，即使你有时很难感知到或看到。它可以让人有亲密感，甚至产生神圣感。它是一股力量，一阵电流，是你内心力量的源泉。

4. **看到他人的良善。**认识到他人的良善能帮助你感受到自己的良善。你每天都可以观察到他人的公正、友好和可敬的努力，感受他们的内心世界，他们内心想要奉献、给予爱、回馈社会、帮助他人（而非伤害）的渴望。

5. **臣服于良善。**让你"天性中的善良天使"逐渐成为生命的动力。你可以写一封信，真诚地告诉自己，为什么你是一个好人。时不时重读这封信，并相信它。在棘手的情况或关系中，问问自己，作为一个好人，此时怎样做是恰当的？当你的行为都基于这种良善时，"我是一个好人"的认知将更加深刻地融入你的内心。

享受这份美好的良善，它如此真实、如此确切。

第 9 章

信任自己

在我的成长过程中，不论在家还是在学校，"做自己"对我来说都是件很危险的事——全然的自我，包括犯错的部分，叛逆和愤怒的部分，吵闹的部分，尴尬和脆弱的部分。我并非害怕受到暴力对待（很多人可能都面临着这种情况），而是害怕遭受其他形式的惩罚，如被拒绝、被回避、被羞辱等。

因此，像孩童一样，我戴上了"面具"。我封闭了自己的内心，小心翼翼地观察，控制"我"的表现。我的喉咙里有一道"阀门"：我知道自己内心深处的想法和感受，但它们很少能跨过这道门。

从表面上看，我好像不信任何人。是的，对某些人我确实需要小心一点儿。但更主要是，我不相信自己。

我不相信真实的我足够好、足够可爱——就算我搞砸了，我也不会有事。我对自己没有信心，不相信自己的内心潜藏着良善、智慧和爱。我不相信在没有自上而下的严格控制的情况下，我的美好品质能够自然流露出来。我怀疑自己，怀疑自己的价值以及潜力。

就这样，我生活得很紧张，我在学校表现很好，有时也很开心——但我一直徘徊在麻木和痛苦之间。

在爱利克·埃里克森提出的人类发展的 8 个阶段中，第一个阶段（也是最基础的阶段）是"基本信任"。他关注的是对外部世界（尤其是其中的人）的信任/不信任。可以肯定的是，这一点很重要。然而，通常表面上看起来类似"这个世界不值得信任"的想法，究其根源，是因为"我不相信自己能处理好"。

建立对自己的信任，这是一生的旅程。放轻松，心态放开，抓住机会，犯了错然后改正并从中吸取教训，不再让自己太过严肃。

当然，当你更信任自己时，你可能会出错。但是，当你不那么信任自己时，你可能真的会出错，并一直出错。

如何做

人无完人。放轻松，说出你的真实感受，全力以赴地生活，你不需要做到完美。最重要的是，你要顾全大局，有长远的眼光。自上而下的严格控制和精心设计的"人设"可能会给你带来短期利益，但从长远来看，这样做的代价很大，包括压力、受压抑的真相以及内心的疏离。

带着温柔和自我关怀，审视一下自己。你是否曾怀疑自己，是否因为害怕看起来很糟糕或失败而退缩——包括在重要的关系中？想象一下，如果你完完全全地做自己，你是否觉得自己会遭受拒绝、误解或羞辱？

也许你已经将他人的批评内化了，并且一直专注于你所认为的自己的缺陷。

而你已经错过了如此多本就正确的事情。

当你放松下来，做最真实、最自然的自己，那会是什么感觉？其他人的反应如何？当你相信自己时，你能在家庭或工作中完成什么任务？

当然，我们同样需要慎重对待外部世界，当放手、冒险、直言不讳并非明智选择时，要学会甄别。但对待内在世界，要像慈爱的父母一样去引导，认识到并非每个想法、感受或需求都应该被表达出来或付诸实现。

与此同时，如果你像我和我认识的每个人一样，决定相信内心深处的自己，你会发现你的内心存在如此多美好：你知道什么是真实的，什么是重要的；你拥有生机和爱心；你拥有很多准备赠予他人的礼物；你拥有强大的内在力量。试着去想一段重要的，或许具有挑战性的关系，思考一下如果你更加信任自己，它能如何变得更好。

做全然的自我，信任全然的自我。这一天，这一周，这一生——看看当你把赌注押在自己身上，当你支持自己时，会发生什么。看看当你向后倒进自己的怀抱里，相信你的双臂会接住自己时，会发生什么。

第 10 章

馈赠自己

你还记得你答应某人要送他一份礼物时的场景吗？也许是一份节日礼物，也许是给孩子的糖果，也许是为朋友提供帮助。这些事让你有什么感受？研究发现，给予会激活一些与身体感到愉悦时相同的神经网络。

当然，还有接受。你能记起别人馈赠于你的场景吗？也许是一件实物，你可以将它握在手中；也许是一个温馨的时刻、一次道歉，或认真持久的倾听。不论是什么，感觉如何？或许相当好。

那么，如果你馈赠……你自己……这不就是买一送一的好事吗！此外，还有一个附加的内在奖励，那就是你正在积极采取行动，而非被动接受。这有助于减少任何"习得性无助"——一种徒劳和失败的感觉，一种让你认为自己几乎无法让事情好转的感觉。研究表明，这种无助感很容易出现，导致我们滑向抑郁的深渊。馈赠自己的另一个好处是，你会感到自己很重要。如果你从未感到自己对他人来说很重要（或许在孩提时代），馈赠自己就尤为重要。

另外，如果你给予自己更多，你就有更多东西可以给予他人，因为你的杯子已经满了。当人们体验到更多的幸福时，就更倾向于保持友善、耐心与合作。

如何做

你可以通过很多方式馈赠自己，很多时候这种给予是无形的，比如在日常生活中的一些微小时刻。例如，当我写这本书的时候，一个给自己的小馈赠就是双手离开键盘，向后靠，做一个深呼吸，看看窗外，放松一下。这就是一个可行的馈赠。

有时，"不做某事"也是一种给自己的重要馈赠，比如不喝第三瓶啤酒，不熬夜看电视，不卷入不必要的争论，不在开车的时候到处乱闯……

每一天，你都能发现无数机会，给予自己简单美好又强大的馈赠。你可以经常问问自己："现在我能给予自己什么？"或者，"我所渴望的事物里，什么是我能给予自己的？"或者，"在这段关系中，我能给自己的最佳馈赠是什么？"然后试着去做。

着眼于更长的时间周期，问问自己："这周我该如何帮助自己？今年呢？甚至这辈子呢？"试着倾听这些问题的答案，让它们在开放的觉知空间中一遍又一遍地回荡。

你可以想象一位具有深度滋养性的人物，花点儿时间想想他给予了你什么，然后将其给予你自己。

知晓了你的奉献之心以及对他人的馈赠，你能将这种精神延伸到自己身上吗？出于善良与智慧、珍视与支持，请将你的馈赠流向这个世界上你对其拥有最大权力，也最有责任照顾好的人——你自己。

第 11 章

宽恕自己

每个人都有搞砸的时候——我,你,邻居,特蕾莎修女,圣雄甘地,每一个人。

承认错误,适当懊悔,吸取教训并保证下次不再犯,这很重要。但大多数人在犯错之后都会不断地自我打击,以致错误带来的负面影响远超过其学习价值。

每个人心里都住着一位批评者和一位保护者。内在批评者会不断地抱怨,对任何事都想找点儿碴儿。它会将小错误放大,为早已过去的事情惩罚你,不承认你为弥补过失所付出的努力。

如果你和我以及我认识的大多数人一样,那你真的需要内在保护者来为你辩护:正确看待自己的弱点和过失,在偶尔犯错时强调你的众多优点,在你走下坡路时鼓励你回到正轨,并且(坦率地说)让内在批评者走远点儿!

在内在保护者的支持下,你能看清自己的缺点而不必担心被糟糕的感受淹没。你可以尽己所能收拾好烂摊子,然后继续前进。内疚、羞愧或懊悔的有益目的是学习——而非惩罚!这样你就不会再犯同样的错误了。任何与学习无关的事情都是不必要的痛苦。此外,为自己的"坏"而自责,只会让你更难变"好",因为过度的内疚会削弱你的精力、情绪和自信。

清楚地认识到错误，带着适当的悔恨承担责任，同时尽你所能做出弥补，然后平静地对待它们——这就是我所说的"宽恕自己"。

如何做

选择一件小事，然后尝试以下一种或多种方法。我对它们进行了详细说明，但是你可以在几分钟或更少的时间内掌握这些方法的精髓。如果你愿意，你还可以使用这些方法处理更重要的问题。

让我们开始吧：

- 从体验被关怀的感觉开始，比如朋友、伴侣、家人、宠物，或记忆中他人的关怀。敞开心扉，意识到，这些感受的每个方面，包括你体验到的关怀，已经成为你内在保护者的一部分，与你的心灵融为一体。
- 保持这种被关怀的感觉，列出你的一些优点，问问内在保护者对你有什么了解。你的优点都是事实，不是奉承。拥有如耐心、决心、公平或善良等好品质，并不要求你带有光环。
- 选择一件让你感到内疚的事。承认事实：当时发生了什么，你的想法是什么，此事的相关背景和历史，以及它给你自己和他人带来了什么后果。关注任何难以面对的事实，比如当你对孩子大喊大叫时他的眼神，对这些事实尤其要保持开放心态，正是它们让你陷入了困境。但真相能让我们自由。

◎ 将所发生的事分为3类：道德错误，缺乏沟通技巧，以及其他。道德错误应当体验到适当的内疚感、懊悔感或羞愧感，当然还要改正。但缺乏沟通技巧只需要改进，这一点非常重要。你也许会问其他人如何看待分类，包括那些你认为归类有误的事，但你需要自行决定每件事应被归在哪一类。例如，如果你说某人的闲话，并美化了他们所犯的错误，你可能会认为你夸大的谎言是一种道德错误，应当感到懊悔；但漫不经心的闲话只是缺乏沟通技巧而已，应该改正（例如，不要再这样做了），而不是为此责怪自己。

◎ 诚恳地为你的道德错误和缺乏沟通技巧承担责任。在心里默念或大声说出来（或写下来）："我对_____，_____ 和_____ 负有责任。"让自己去感受它。

◎ 然后，再对自己说："但是，我对_____，_____ 和_____ 没有责任。"比如，你不必为他人的误解或过度反应负责。此外，仅仅因为有人因你而感到烦扰或沮丧，并不意味着你做错了什么。这不是你的责任，让这种释然感深深印入你的心里。事实上，你有权决定不必为哪些事负责，这能让你真正对你应该负责的事情承担起责任。

◎ 承认你做过的事情，从这次经历中吸取教训，并进行修复和弥补。将这种感受沉入内心，试着为这一切感激自己。接下来，决定还需要做什么（如果有的话）——在你的内心，或在外部世界，然后去做。你正在做这件事时，将这种感受沉入内心，也要为此感激自己。

◎ 现在，问问你的内在保护者："还有什么我应该面对或应该做的吗？"倾听它沉稳而平静的良知之音，它与批评者的打击嘲弄是如此不同。如果你真的明白还有一些事情要做，那就去做吧。但是，除此之外，你要知道，该得到的教训已经得到了，该做的也已经做了。

◎ 现在，主动地宽恕自己吧。在心里，大声说出来，写下来，或者对他人说如下的话："我为_____，_____和_____宽恕自己。我已经为它们承担了责任，并尽我所能让事情好转。"你可以请求内在保护者宽恕你。你可以请求他人宽恕你，包括你可能错怪了的人。在这个步骤上花一些时间。

◎ 你可能需要反复经历上述一个或多个步骤，才能真正宽恕自己。没关系，让这种被宽恕的体验慢慢沉入心里，向它敞开心扉，思考宽恕自己将如何帮到他人。

愿你平静祥和。

第二部分

温暖自己的心灵

第 12 章

喂养"爱之狼"

还记得引言里的小故事吗？凡事都取决于我们每日喂养的心中之"狼"。我一想起那个关于两只狼的故事，就不寒而栗。哪个人的心里不是既有"爱之狼"又有"恨之狼"呢？

我心里就有。当我变得愤怒、轻蔑或专横时，我心中的"恨之狼"就露面了——即使它只存在于我心里，但我肯定它有时会冒出头来！

这两只狼的出现是由于我们的进化，它们是我们的祖先在与其他部落激烈竞争稀缺资源时，在小型狩猎采集群体中维持生存所必需的。因此，促进群体内部合作和群体之间斗争的基因被传递了下去。"爱之狼"和"恨之狼"已经被编织进了人类的基因里。

一旦我们把他人视为"非我族群"时，无论是在家里、在工作中还是在晚间新闻中，"恨之狼"都会抬起头来，环顾四周寻找危险之物。接着，如果我们感到受威胁、被欺负或绝望，"恨之狼"就会一跃而出，冲人狂吠。

虽然"恨之狼"在石器时代有其作用，但在今天，它会导致不信任和愤怒、溃疡和心脏病，以及引发家庭和工作中与他人的冲突。在当今这个相互联系日益紧密的世界里，当我们忽视、恐惧或攻击二狼时,恨之狼通常会反咬"我们"一口。

如何做

憎恶"恨之狼"只会让它更加强大。实际上,你能控制它,你可以将它的火力引向健康的保护模式与魄力上,你可以避免用恐惧和愤怒来喂养它。

与此同时,喂"爱之狼"也很重要。当你培养出更强的同情心、友善和人际交往能力时,你自然会变得更强大、更有耐心,更不容易感到烦恼或怨恨。这可以帮助你避免无谓的冲突,更好地对待他人,减少对他人的威胁。这样你就更有可能得到二狼更好的对待。

"爱之狼"既是为了你,也是为了他人。你可以通过善待自己来喂养它,就像我们讨论过的那样。例如,将每天被看见、被欣赏、被喜欢、被爱的美好体验印入心里,对自己富有同情心,意识到自己的正直和善良,深信自己是个好人。

同时,你也可以通过关心他人来喂养"爱之狼",我们将在本书的后续章节探讨关心他人的方法。比如,看到他人的痛苦;为他人祝福;识别他人的优点;对众生持不伤害的基本立场。你可以让这些体验沉入内心深处,为心中的"爱之狼"腾出空间。

你可以看到这个世界的美好,也可以看到我们共同创造的美好未来。虽然"恨之狼"总是占据新闻头条,但事实上,"爱之狼"才是更加普遍、更加强大的。在人类生存的大部分时间里，我们与群体中其他人的日常生活大都建立在同情与合作的基础之上，保罗·吉尔伯特教授称之为"关心和分享"。这是我们与生俱来的权利，也是我们的潜力。

换句话说，我们用爱和希望来喂养"爱之狼"。他人的良善、自身的良善、世界上早已存在的良善，以及我们共同建设的这个更加美好的世界——我们可以通过对这些事物持续的感知来喂养"爱之狼"。

我们需要保持坚强，坚持我们所知道的真相，尽管大脑倾向于关注威胁和损失，尽管恐惧和愤怒（"恨之狼"的食物）会对我们进行操纵，让我们失去健康和快乐。

因此，让我们坚强起来，牢记周围和内心存在的美好事物。让我们坚强起来，互相扶持。

第 13 章

拥有同理心

假设这个世界上,人与人之间的相处就像蚁群或鱼群。想象一下,你对他人的内心世界毫不在意,而他人对你的内心世界也无动于衷。

那将是一个不存在同理心的世界。

你的同理心能让你感受到他人的感受、想法和意图。同时,他人的同理心能帮助你"感到被感受"——这是脑神经科学家丹·西格尔的妙语。同理心崩溃会动摇一段关系的基础。回想一下你感觉被误解的时候——或者更糟,对方根本不在乎他是否理解你的时候。任何脆弱的人,比如孩子,都有特别强烈的对同理心的需求,得不到别人的共情会让他非常不安。

同理心具有舒缓、平静和增强联结的效果。当人与人之间存在同理心时,更容易促进彼此的合作。同理心会给你带来很多有用的信息,比如对某人来说什么最重要,以及什么在困扰着他。基于我作为心理治疗师的经验,我发现缺乏同理心是大多数有问题的关系中的核心问题。如果没有同理心,就不会有什么好事发生;如果双方都有同理心,即使最棘手的问题也会好转。

举个例子,我有个亲戚心地很好,但她有时性格很强势,这让我有点儿抓狂。最后,我开始想象,和她待在一起就像隔着长满荆棘的藤蔓看篝火一样。我专注于她给予我的真诚的爱，并充满同理心。我发现，她的爱闪耀着光芒，没有被藤蔓掩盖。这对我们俩都有很大帮助。

从最深刻的角度来说，当你拥有同理心时，就是告诉对方，他于你而言是一种人的"存在"，并非"我与它"，而是"我与你"——这是马丁·布伯①所描述的一种关系模型。你意识到，在那双眼睛之后有一个人，一个能感受到痛苦和快乐的人，一个努力奋斗希望生活更轻松的人。这种被认可的感觉通常是人们最想要的，这比摆在台面上的任何问题都更为重要。

如何做

同理心完全是一种本能。随着我们的进化，大脑形成了3个区域，让我们得以感受到他人的内心世界：

- ◎ 对行为的同理心——似镜像的神经网络，包括大脑两侧颞叶和顶叶的交界处。当你做一个有意动作（比如伸手拿杯子），或者看到（或只是想象）另一个人在做同样的动作时，都会激活这两个区域。
- ◎ 对情绪的同理心——大脑中有一个区域叫作脑岛（位于颞叶内侧），它与自我意识有关，包括你的内部感觉和直觉。当你感到悲伤时，脑岛就会被激活；当你感受到

---

① 马丁·布伯，奥地利-以色列-犹太人哲学家、翻译家、教育家，代表作为《我与你》。——译者注

他人的悲伤时,你的脑岛同样会被激活,让你"由内而外"地感受到他人的感受。
- ○ 对想法的同理心——在你三四岁时,你的前额皮层(位于前额之后)就能推断出他人在想什么、有什么计划。我们利用这些能力来形成所谓的心理理论——关于他人的内心世界。

在日常生活中,我们可以通过一些简单实用的方法来培养这些与生俱来的能力。由于神经可塑性,当你不断启动同理心的潜在神经回路时,你便能加强这种能力。

同理心的基础

记住,同理心不是同意或赞同。例如,你可以对伤害你或让你恼火的人怀有同理心,你不用放弃你的权利,也不用因为怀有同理心就去解决他人的问题。此外,我们可以对他人的积极心态怀有同理心,比如分享他人事业有成或弄璋诞生的快乐。

你可以从做几次深呼吸开始,让自己感觉更平静、更强大。研究发现,令人感到矛盾的是,一点儿超然感实际上可以帮助我们更加敞开心扉和接受他人,尤其是在情况变得紧张的时候。正如俗话所说,"篱笆筑得牢,邻居处得好"。

假设你正处于一场冲突之中,如果你能把对对方带有愤怒情绪的评判放在一边,哪怕只有一小会儿,你就会更有同理心。试着了解他的内心世界,也许他会慌乱、会防备、会以不当方式行事，但他实际上只是渴望幸福，渴望在生活中继续前行。

加强同理心

从好奇的态度开始，尤其是对你熟悉的人。然后看看，当你关注他们的呼吸、姿势、手势和动作时，会发生什么。想象一下，和他们做相同的动作会是什么感觉。

体会他们的情绪，包括隐藏在其强硬立场或愤怒之下的柔软情绪。相信自己的直觉，这也许能让你与其他人产生共鸣。问问自己，如果你是他们，你会有什么样的感受？

对他人的想法、记忆、期望、需求和意图保持好奇，对他人的内心世界做出一些假设。考虑到你对他们个人过往经历的了解（包括与你的交往），以及他们的性格、重视之事和敏感问题。感受你自己内心深处的存在，然后想象在他人身体中的这个"核心"：那种持续的意识，那种活着的感觉，那种"生活有时很艰难"的感受。

关注他人的面部表情

在外部世界中，我们通常很少会看周围人的面孔；即使看了，也只是短暂一瞥，并未真正看见这个人。在家庭里，你会慢慢习惯家人熟悉的面孔，然后就会忽视、做出假设或转移视线，因为你对于你可能看到的一切感到不舒服，比如愤怒、悲伤，或只是对自己所说的话感到厌倦。在电视和其他媒体中，我们会接触到无数张面孔，很容易应接不暇，而变得越发麻木和冷漠。

虽然这是可以理解的，但我们会为此付出代价——我们会错过关于他人的重要信息，失去建立亲密关系和合作的机会，无法及时发现潜在的人际关系问题。

因此，我们需要特别关注他人的面部表情（不要盯着看，也不要表现出冒犯）。人类的表情包括6种基本情绪——快乐、惊讶、恐惧、悲伤、愤怒和厌恶，以及更多文化和个人的特定表情。（例如，当妻子认为我太自以为是时，她脸上就会出现那种特别的表情！）请注意眼部周围快速、细微的微动作，人类的眼睛比其他任何物种的眼睛都更具表现力。

保持一种接受的感觉，一种吸纳的感觉，以比平时更加深刻的方式注意他人，留意有什么让你不舒服的地方。同理心所唤起的人际联结感可能非常强烈，以至令人不安。它还会激起对更紧密的联结的痛苦渴望，以及对失望的无可厚非的恐惧，尤其当你曾有过这种体验时。请记住，你可以体会他人的强烈感受，同时仍然保持自我，你的同理心与可能适合这段关系的任何行为（比如设定明确的界限）都不同。

大声表达你的同理心

当有人对你表现出同理心时，即使他一言不发，你都能感受到。与此相同，你的同理心也未必需要表达出来才能发挥作用。尽管如此，有时表达出来也是合适的，但你应该以自然的方式表达，比如同情地低语或简单地重申他人所说的话（"哇，这对你来说真的很复杂也很有压力"）。你可以用如下问题来探索对方可能的感受:"你在想什么?你是否感到_____?你是否想要_____?你是否感到被夹在_____和_____之间?"

尊重他人,而非强行说服或苛求他人。一般来说,不要把表达同理心和坚持自己的观点或需求混为一谈。你可以视情况而定,再做表达(我们将在本书第四部分和第五部分中探讨如何做)。

留意你的同理心是如何改变人际互动过程的。也许同理心会让人际互动更加缓和、更加真实,也许会更温和、迅速地导向一个好的解决方案。

如果你和某个人在一起时感觉不错,那么你可以提出这样一个话题:你觉得被对方看到和理解的程度(或者不被对方看到和理解的程度)是怎样的?让自己怀有同理心,你会更清楚地知道自己想要什么。

从根本上说,我们要欣赏同理心,推崇同理心。我们要坚持同理心的重要价值,真正认识到他人的内心世界并给予支持。对于和你差别特别大的人——也许你们有不同的国籍、宗教信仰或生活方式,你是否能对他怀有同理心就更加重要。就整个世界而言,同理心可以将我们的心编织得更加紧密,就像很久以前在塞伦盖蒂平原[①]上把我们与朋友和家人联系在一起的古老丝线一样。

---

① 古人类发源地之一。——译者注

第14章

心怀仁慈

我们通常都清楚自身的痛苦,从轻微的沮丧或焦虑,到身患骨癌的痛楚,或失去孩子的剧痛。

但认识到他人的痛苦——这并不常见。所有关于灾难、谋杀和悲痛之事的新闻,都让我们对发生在自己国家和世界各地的苦难感到麻木。在家庭中,我们很容易忽视,或觉察不到与我们一起工作或生活的人身上的压力和紧张、不安和愤怒。

通常,对我们来说,最重要的是有人看到了我们的痛苦,并且表示真的理解这种痛苦。如果没有这样一个人,就会对我们造成创伤,带来悲伤。同时,在实践层面上,如果我们的痛苦被忽视,他就不太可能得到他所需要的帮助。

如果你没有识别出痛苦,那么这会伤害到你——你会错过敞开心扉的机会,也会错过了解你可能对他人造成影响的机会。没有意识到他人的伤痛、恼怒和忧虑会使问题愈演愈烈,而这些问题本可以在早期解决。千里之外的人所遭受的苦难能向我们传达重要信息:这些麻烦可能很快就会波及我们所在的国界。

同情是发自内心地希望他人免受痛苦。这不是同意、认可或放弃你自身的需求和权利,你可以同情那些冤枉你的人,同时坚持让他们更友善地对待你。

同情会让你敞开心扉，滋养他人。那些接收到同情之心的人，会对你更有耐心、更加宽容且更有同情心。同情反映了万事万物互相关联的智慧，它会令你自然地感到与所有事物相互联结。

如何做

有一次，我问学者吉尔·弗朗斯达尔，他在修行中关注的是什么。他停顿了一下，然后笑容满面地说："我为痛苦而停下脚步。"

向痛苦敞开心扉

看看工作中、商店里或餐桌对面人们的脸，观察他们脸上的疲惫、面对生活的勇气、警觉、烦躁和紧张，感受他们话语背后的痛苦。想想看，如果你拥有另一个人的生活，会有什么样的感受。

注意不要被这种感受淹没。你可以尝试短时间的练习，哪怕每次只体会几秒。如果这样做有帮助，你可以再想想和关怀你的人待在一起的感觉。

接着，再次对他人的痛苦敞开心扉。如，一个觉得自己被遗忘的孩子，一对深陷怒火的夫妻，一位错过升职机会的同事，去体会他们的痛苦。不要将视线掠过晚间新闻中那些悲伤的面庞，要从他们回望你的眼神中看到他们的痛苦。

观察并倾听你最亲近的人。他们受到了什么伤害？试着为他们的痛苦而暂停一下,即使你不得不承认你或许是造就痛苦的原因之一。如果可以,你可以向他们问一些问题,并讨论答案。

向痛苦敞开心扉是什么感觉?你会发现,这会让你和他人更亲近,你会得到对方更多的善待。你会在事物的真相中感到更加踏实,尤其是对他人而言。

发现同情之心

同情心是与生俱来的。你不必强迫自己,只需敞开心扉去感受对方面临的困难、挣扎、压力、事件的影响、悲伤和紧张。敞开心扉,让自己被感动,让同情在你的身体中流淌。

感受你的胸腔里、喉咙中和脸上的同情,注意它如何缓和了你的想法和反应。了解它,你便能找到再次拥有它的方式。

同情时刻总是会出现在流动的生命长河之中。或许有一位朋友告诉你他失去了什么,或许你看到了某人愤怒的脸庞背后的伤痛,又或许,报纸上的照片中一个饥肠辘辘的孩子正盯着你。试着去同情那些你不认识的人:熟食店里的人,公交车上的陌生人,人行道上拥挤的人群。

你也可以通过下面的冥想练习来探索同情之心。

> 放松,觉知你的身体。回忆和关怀你的人在一起的感觉。
>
> 提到一个容易让你产生同情心的人。真诚地希望他免

受苦难，带着体贴和关怀。如果你愿意，把同情融入柔和的想法中，比如"愿你不要受苦……愿这艰难时刻过去……愿你的悲伤减轻……愿你能平静地面对痛苦"。

然后扩大同情的范围，纳入其他人。你可以想到一个恩人（对你友善的人），一个朋友，一个中立的人，以及一个让你感到有挑战性的人，尝试对每一个人都怀有同情之心。体会你能真正感受到的，不强迫自己产生任何虚假或遥不可及的感受。如果你无法为某个人感到同情，也可以转向更容易让你产生同情心的人。

看看你能否将同情之心扩展到家里、邻里、这座城市、这个社区、这个国家，以及全世界的人身上。所有人——无论他们是对是错、你喜欢或不喜欢、你认识或不认识，别遗漏任何人。

让我们更进一步，你能将所有生命都纳入同情的范畴吗？所有动物，所有植物，甚至所有微生物，数量庞大的生命体，或大或小，看得见或看不见……

让同情之心彻底贯穿你的身心，融入你的目光、言语和行动中，不要有所遗漏。

第 15 章
看见他人的良善

当今,人们的许多人际互动都如同驾驶碰碰车:我们接近对方,交换信息,微笑或皱眉,然后迅速弹开,继续向前。有多少次,你会多花几秒钟去了解他人的内心,尤其是对方的优良品质?

事实上,由于大脑的消极偏见,我们更有可能注意到他人的不良品质——那些让我们担心或烦恼,或者让我们产生批判的事情。

不幸的是,如果你认为周围人拥有的都是不良品质,或者充其量只是中性品质,只有少量隐约的优良品质,你就会自然而然地感到自己没有那么乐观,也得不到支持。而且,同样地,当他人觉得你并没有真正看到他们身上的良善时,他们就不太可能花时间去发现你身上的良善。

看见他人的良善,是让你感到更快乐、更自信、与他人相处更轻松的简单而有力的方法。

如何做

暂缓脚步

你可以走下碰碰车,花点儿时间,探索生活中其他人身上的优良品质。这不是让你用过分乐观的视角来看问题,你只需摘下消极偏见的眼镜，看看事实到底是什么。

看见他人的能力

我上学时，年纪比其他人小，所以在体育课上，同学们总是不乐意选择我作为他们的团队成员——这很伤我的自尊。在加利福尼亚大学洛杉矶分校的第一年，我尝试了校内触式橄榄球。我们球队中有一名很优秀的四分卫，他因体型太小无法进入大学橄榄球一级联赛。一次训练后，他对我说："你很棒，我要多给你传球。"我被这句话震惊了。我第一次意识到，我其实是一个不错的运动员。他的认可让我表现得更加优秀，增强了我们球队的实力。50年后，我仍然记得他的话。他不知道这句话给我带来的影响，事实上这句话极大地提升了我的自我价值感。同样，当我们看见他人的能力时——尤其当我们公开夸赞他们的能力时，便会激起无尽涟漪。

看见他人积极的品质

你周围不可能都是游手好闲和反社会的人，你认识的人一定有很多美德，比如果断、慷慨、善良、勇敢、诚实、公正、有耐心、活力满满或富有同情心。花点儿时间观察他人的美德。你也可以列出你生命中所有重要人物的美德清单——即使是那些对你来说具有挑战性的人。

寻找他们的可爱之处

人人都像马赛克。通常，他们的大多数"色块"都是积极的，有些则是中性或消极的。随着时间的推移，我们逐渐习惯了这些积极之处，然后它们便慢慢淡出了我们的视野。与此同时，消极之处则会前移，并突显出来。你甚至可以在所爱之人身上观察到这一点。几年前，我发现我也越发关注我妻子的缺点了，于是，我开始刻意寻找她的可爱之处。（她是非常优秀的人，因此并不难！）这么做让我很快乐，而且这对我们的夫妻关系也大有裨益。

你可以对朋友、家人、同事，甚至餐馆里的陌生人尝试一下这个方法，也许你能看出他们的优点：有礼有节，对孩子很有耐心，对风险极大的事业怀有一腔勇敢的热情，或者有一种古怪的幽默感……你喜欢他们的这些特点吗？

然后，挑战一下，试着对那些给你带来麻烦的人找找其可爱之处，比如一个爱管闲事的亲戚，或你在工作中碰到的麻烦的人。这么做不代表让你无视自己不喜欢的人和事。事实上，看到他人内在的良善，可以让你与他交流时不再有压力；如果你不得不放下处理一些问题，这也是有帮助的。

总的来说，看见他人的良善为我们上了有价值的一课。我们如何体验生活，很大程度上基于我们在生活中的所见之事，以及我们发现美好事物的力量——为了我们自己，也为了他人。

第 16 章
理解他人的深层欲求

为了完成博士论文,我拍摄了 20 对母亲和幼儿的互动,并分析当母亲对幼儿不恰当的欲求提供了替代选项("别用锋利的刀,亲爱的,用这些大勺子怎么样?")时,会发生什么。在对这些视频进行了几百小时的观察后,我发现提供替代选项可以减少孩子的负面情绪,增加他们与父母的合作性。

不论是作为一位新上任的父亲,还是一名迫切希望完成学业的学生,我对这个结果都感到很高兴。孩子以及成年人都希望能从他人那里获得他们想要的东西,更重要的是,能够知晓他人真的意识到了我们的欲求。更根本的是,他人想要知道我们的欲求。

想想一段重要的关系:一个同事、一个朋友,或一个家庭成员。当他们误解了你的目标、意图或要求时,你有什么感觉?更糟的是,当他们显然并不在意你喜欢什么、关心什么、重视什么,你又有什么感觉?

这可不好受!

反过来说,当你认识到他人更深层的欲求时,他们更有可能感到被他人看到和被理解,让他们以同样的方式对待你也就会更容易。

其中的一个关键因素就是看见他人潜在的善意。有一次,当我匆匆穿过机场时,我停下来想买瓶水。在商店的冰箱旁,一个男人正弯着腰把瓶装水放进冰箱。我伸手从他上方取走了一瓶他刚刚放进去的水。他抬起头,停下手头的活儿,从另一个架子上拿了一瓶水递给我,轻快地说:"这瓶是凉的。"有那么几秒,我以为他是在说我做错了什么。然后我明白了,他只是想要帮忙:他发现我拿了一瓶常温水,便很贴心地给我拿了一瓶凉水,以一种简单的方式祝愿我一切顺利。我说了声谢谢,买下了他递给我的那瓶水。这只是一瓶水而已,但我被他的善意感动了。

要识别出他人的善意也许很难,因为我们的大脑会对新鲜事物做出反应,因此它往往会忽略日常生活中许多常见的积极意图,只关注偶尔出现的消极意图。

因此,如果你主动发掘他人潜在的积极意图和愿望,那么便能发现它们就在你身边。

如何做

选择一个朋友或陌生人,寻找他隐藏在表面之下的深层欲求。你可能会发现他对快乐的渴望、对他人的承诺、对安全的优先考虑、对生活的乐趣、对自主的重视,以及对爱的渴求。

审视一下自己,你会发现你也有很多相同的渴望——它们对你来说强大有力、无比珍贵,对他人也一样。

在内心深处,人们的大多数愿望都是积极的。达到这些目标的手段可能会被误导,但基本目的本身通常是积极的。即便某些可怕的行为,也可能是为了获得快乐、地位或控制权等积极的目标,而付出的错误努力。当然,认识到潜在的善意并不能证明一个人的不良行为是正当的。

如果你愿意,可以回想一件你做过的让自己后悔的事。想想看,你的行动试图达到什么样的积极目标?认识到这一点是什么感受?看到一个人不良行为背后的善意可以削弱内在防御,帮助他用恰当的方式忏悔,更加坚定地寻找更好的方法来实现这些目标。

当你和朋友交谈时,也可以发掘他们更深层的欲求。识别出这些欲求是什么感受?试着经常善待你在乎的人,这样做能帮助你更好地理解他们,和他们更加亲近。你也可以在陌生人身上寻找积极动机。你将发现为达成目标而付出的努力、对朋友和事业的忠诚、公平竞争、乐于助人,以及许多其他美好事物。

你可以和难以相处的人尝试一下,试着在困扰或伤害你的事情背后,看见他们的深层愿望。当你认识到他们潜在的积极目标时,你也许能找到伤害性较小的方法用来实现目标。

我们每个人身上都有着良善的余烬,包括你自己。我们要认识到,善意就像恰到好处的微风,点燃着余烬,助其燃烧成温暖而明媚的火焰。

第 17 章

友善待人

我们可以在很多方面表现出友善，比如友好的问候、为陌生人开门、一个温暖的眼神、一个微笑，或者在会议上邀请别人发言。同情意味着我们不希望他人受苦，友善意味着我们希望他人快乐。

带着善意，我们便能接近这个世界，而非逃避。研究表明，这与积极情绪、现实乐观主义和成功有关。正如我们在第一部分中所看到的，善待自己，能让你将善意持续传达给其他人。善待我即善待你，善待你即善待我，这是一种美妙的积极循环。反之亦然，伤害自己即伤害他人，伤害他人即伤害自己，这是一种痛苦的恶性循环。善意能够抵消恶意——令他人受苦的愿望。善意可以降低他人对你的戒备心，因为你开诚布公地回答了这一古老的问题——做朋友还是做敌人？

如何做

有时，友善待人似乎让人感到不可能、不真实或不适合。比如，有人可能会攻击你，或误解你的善意。又或者，我们可以善待所有人，包括密友和陌生人、同事和亲人、孩童和老板。我们可以善待非人类的动物，甚至地球母亲。人们表达友善的方式多种多样，这很正常。我北达科他州亲戚粗鲁的善意，就与加利福尼亚州治疗师朋友细腻的善意很不一样，但他们的善心是一样的。

关注他人

我们通常倾向于全心关注自己，但友善待人能让我们将关注点转移到他人身上，哪怕只有一小会儿。

几年前，我受邀在一个会议上做主题演讲，我之前从没遇到过这么多听众，这对我来说是很大的进步。会议上的其他演讲者都是知名心理学家，我担心自己不够格。我很紧张，真的非常紧张。

我坐在后面等着上场，同时担忧其他人会怎么看我：他们会不会认为我是个"大骗子"？我想了各种方法让自己给听众留下深刻印象，并得到他们的认可。我满心都是自己，我很痛苦。

为了分散注意力，我看到旁边的椅子上放着一份时事通讯。我拿起它，找到了一段对名人访谈的采访，这位名人谈到了祝福他人并为他人服务的幸福感，这段话很鼓舞人心。当我不再纠结于"我自己"，只是沉浸在想要为他人提供帮助的感觉中时，我感到一阵平静。因此，我演讲时，我专注于讲述对听众有用的方法，而非我给听众留下了什么印象。我感到轻松多了，心平气和。令我惊讶的是，我的演讲得到了听众的激烈鼓掌。这件事的讽刺之处令我暗自发笑：想要得到认可，就不要刻意寻求；想要照顾好自己，就得照顾好别人。

培养善意

友善也是与生俱来的。不过,你可以把它作为一种内在特质加以强化。你可以回忆一个你对某人特别友善的时刻,并觉察你对他的感觉和态度,以及你说过的话和做过的事。让这种感觉沉入心底,与你融为一体。与他人在一起时,你可以养成身体稍微前倾而非后倾的习惯,柔和舒展胸部、面部和眼睛,让一呼一吸中都带着善意。

试着温柔地对自己这样想:"愿你幸福……愿你生活安逸……愿你健康……愿你成功……愿你找到你所渴望的爱……"除了这样想,还要感受温暖和友善的感觉。敞开心扉,探索善意的不同方面是什么感觉,比如体贴……助人……慷慨……友好……谦恭……好心……人道主义……支持……感激……或深情。觉察到善意是如何让人感到满足和愉快的,这将有助于将善意的特质刻入你的神经系统。

如果你愿意,可以花点儿时间冥想,从你容易对其产生善意的人开始。然后,将善意拓展到那些对你来说比较中立的人身上,比如工作中认识的不太熟的人或街道另一端的邻居。接着,看看你是否能对那些对你而言具有挑战性的人表达真诚的善意。你可能会发现,这实际上有助于减少你的压力或对他们的不满,并且让你选择采取更加有效的行动。带着热忱而仁爱的感觉结束冥想,让这种感觉成为你的一部分,将其应用在每个人身上。

总体而言,请注意,你的善意更多是对自己而非对他人的,更多是关于你如何对待世界,而非世界如何待你。

刻意表达善意

在日常生活中寻找机会做一些小小的善举。通常，你只需要微笑、握手或点头，这些就足够了；又或许是几分钟的谈话、早上的拥抱、晚上的亲吻，在电子邮件中增添温暖的言辞。

你可以在保持感觉真实的范围内，拓展自己的善意。记住，善意不是同意或赞同。即使你的目标与他人不同，你也可以在追求自身目标的同时善待他们。你还可以在和他人有矛盾的时候祝福他们。

想想你身边的人。例如，我多年以来与很多对伴侣一起工作过。我痛苦地发现，在一段长期关系中，人们常常缺乏最基本的友善。你可以对父母、兄弟姐妹或孩子更友善一些。同样令人吃惊的是，在最重要的人际关系中，善意很容易被忙碌、小烦恼和伤害，被工作太辛苦而造成的疲惫所排挤。但偶尔的善意，绝对可以改变一段人际关系。试试看吧！

你还可以对那些通常会忽视或保持距离，甚至冷淡的人更友善一些。比如，餐馆的服务员、送你去机场的人，或者与你通电话的网店客服。

你可以在承受着压力的同时保持友善，在纷乱的思绪中理出温暖和祝福，就像在风雨中寻觅风铃声。随着时间的推移，你会培养出越来越强烈的善意。真的！友善将与你融为一体，成为你的根基和天然倾向。往你心中的壁炉里，添上一根又一根木柴，点燃心中温暖的火焰。看看这样做会发生什么。

第 18 章
别将任何人从心中抹去

我们身边都有一些相处起来很……具挑战性的人,比如专横的主管、善良但古怪的朋友、让人头疼的同事,或争吵不断的搭档……讽刺的是,作为人类的我们为了得到良好人际关系的滋养,必须与他人紧密联结。但有些人真的令我们心烦意乱,我们常常带着伤害、怨恨或轻蔑,自然而然地疏远这些人。结果如何呢?回避会让我们感到紧张和紧绷,让我们的情绪反应更强烈,这可能会让事情变得更糟。

有时你不得不挂断电话,在社交软件上屏蔽某人,或者在探亲时住在旅馆里。在极端情况下,你可能有必要暂时或永远与另一个人保持距离。照顾好你自己,倾听内心深处的想法,想想什么对你来说才是最好的。你可能不得不把某人从你的业务交流、工作团队、假期聚会——或床上,赶出去。

但是,不论你需要采取什么实际行动,你依旧可以问问自己:"我必须把这个人从心里抹去吗?"

如何做

当你敞开心扉时,是什么感觉?就身体而言,你是否感到胸部温暖而放松?就情绪而言,你有什么感觉?你可能会感受到同情、仁慈和平静。就精神上而言,你有什么感觉?比如客观地看待事物,心怀善意?

感受敞开心扉、全心全意、宽宏大量的力量。矛盾的是,在一段关系中最开放和看似脆弱的人,最终往往是最坚强的人。

感受你的心像天空一样,宽广而包容。天空对所有的云朵都敞开怀抱,即使最猛烈的风暴也无法伤害它。敞开心扉,实际上会让他人更不愿惹你生气。

请注意,拥有宽广的心胸,并不会妨碍你清楚地知道什么适合你、什么不适合,你仍然可以保持坚定不移、界限分明、直言不讳。圣雄甘地和纳尔逊·曼德拉①都拥有宽广的心胸,但他们对敌人也毫不手软。

敞开心扉

承诺保持开放、宽阔的心胸,承诺对所有人心怀同情,承诺不将任何一个人从你的心中抹去。

请留意,将某个特定的人驱逐出你的内心是种什么感觉?从身体、情绪、思想角度分别思考一下。觉察大脑/心灵对此抛出的合理化以及理由,并问问自己:"这些理由是真实的吗?是必要的吗?它们与我想成为的那种人一致吗?"意识到因为这个人你所承受的痛苦,或看见别人所受到的伤害,然后给予同情。

---

① 纳尔逊·曼德拉,南非前总统,是首位黑人总统,被尊称为"南非国父"。——译者注

接下来，问问自己，考虑到这个你无法接受的人的现实情况，你将如何保护自己，又不将其赶出你的心呢？下面的方法或许可以帮助你：

◎ 和他保持身体或情感距离。
◎ 设定明确的界限，比如拒绝在对方明显喝醉的时候交谈。
◎ 向朋友吐露心中郁结，把心事抒发出来。
◎ 和他沟通，哪怕只是为了证明自己已经尽力了。
◎ 提醒自己，对这个你再也不想见到的人，你能因你们共同的人性而感受到单纯与真诚。

然后，如果你愿意，尝试再次向你不喜欢的人敞开心扉。也许你的行为或你们关系的本质并不会改变，尽管如此，你还是会感受到不同，甚至更好。

"我们"即"他们"

现在，我想在更广义的背景下来看待心胸宽广这件事。几百万年来，通过关心群体内部的人——"我们"，同时惧怕并攻击群体外部的人——"他们"，人类的祖先才得以生存，并持续了很长很长的时间。然而，在过去的一万年里，粮食产量的提高令群体所能容纳的成员得以增多，这种部族模式开始在更大的范围内出现。因此，大多数人都容易受到怨恨与复仇的远古

"鼓声"的影响,而今更是被社交媒体放大了。

这一点不仅仅存在于政治之中。在办公室闲聊和家庭纷争中你也能观察到这种对他人的"他们化"。有人在心里迅速地把他人分为"与我相似"和"与我不同"的类别,对群体外的人,我们会随意地摒弃,愤怒地转身离去,轻易地鄙视。当你坚持自身立场和身份时,你会发现你的思维会迅速地将另一个人简化为二维图形,即使这个人是你深爱的伴侣。

这种把他人视为"他们"的过程受到偏见和歧视的广泛影响,这些偏见和歧视有着漫长而惨痛的历史,至今仍被制度化并付诸实践。比如,女性在职场中面临着限制晋升的无形屏障,黑人青年在路边散步时听到锁车门的声响。

在许多方面,你也可能知道被"他们化"是一种什么感受——被忽视、被轻视、被利用、被攻击或被抛弃,这种感受非常不好。

另一方面,把他人"我们化",是主动看到大家的共同点,认识到所有人都渴望快乐而害怕痛苦,所有人都会遭受痛苦和死亡,所有人总有一天会因不同的方式与所爱的人和事分离。当你看到这个事实,并发现在心灵深处,我们都是相似的,那么你身体里警戒的紧张感便可以得到缓解。之后,你将能更深入地理解他人,更高效地与他们相处,即使是那些让你强烈排斥的人。当你感受不到不必要的威胁时,你就更不会相应地威胁自己。

每一天,主动去发现你与他人之间的相似之处。例如,当你看到陌生人,花十几秒的时间真正地看着他们,了解他:"是的,他们就像我一样……他们的背和我的一样疼…他们像我一样爱他们的孩子……他们也感受过欢乐和悲伤。"尤其是对那些看起来和你很不一样的人,以及那些你不信任、害怕或不喜欢的人,也尝试一下这个练习。留意这个练习会给你带来什么感受——也许是敞开心扉与平静。

你可以想象一个"我们"圈,包括你以及和你很相似的人。然后,逐渐扩宽这个圈子,纳入更多乍一看和你不同,但你能发现你们有相似之处的人。(例如,和我一样想要快乐的人)。继续扩宽这个圈子,包括那些伤害过你或伤害过其他人的人。要知道,认识到所有人共有的人性,并不需要你认同他们。慢慢来,对自己和他人都抱有同情心,在你感到真实和合适的时候再拓宽这个圈子。当你这么做时,你会留意你是否变得柔软,放下了防御,拓宽了视野。沉浸在这种感觉中,尽情享受。

通过这种方式,我们将在彼此之间建立起桥梁,我们的圈子也能不断拓宽,所有人和睦共处。

第 19 章
相信爱，选择爱

所有形式的爱都如同空气。爱可能很难被看到，但它就在你心里，在你周围。日常生活中充满了合作与慷慨的时刻，即使是在陌生人之间。许多科学家相信，爱——广义上包括同理心、友谊、利他、浪漫、同情和善意，是过去几百万年来人类大脑进化的主要驱动力。

当大脑处于静息状态时——当你没有压力，没有痛苦，没有感受到威胁时的"家园"，会鼓励爱的感觉。然而，商务会议上领导的一句批评或餐桌上父母的一个皱眉，诸如此类的小事都很容易让人离开"家园"。接着，我们的内心就会进入一种无家可归的状态，陷入将爱置之脑后的恐惧或愤怒之中。一段时间之后，这可能就会成为一种新常态，我们会将无家可归的感觉当作"家园"——我们似乎忘记了，只要大口呼吸就能获得大量空气。

因此，我们需要回到家园，重新拥有爱。你可以认识到自己心中之爱，并对它怀有信心，这将激励和保护你，你必须对他人完全信任。你可以看到并相信他人的爱，即使爱被遮掩住了或以有问题的方式被表达出来。你要相信，爱的存在就如同空气一般，爱就像呼吸一样自然。

如何做

做一个深呼吸。留意空气是多么容易获得,你有多么信任它。留意那种能够依靠空气的感觉。

然后想想某个爱你的人,感受这份爱的存在。套用心理学家约翰·威尔伍德的话,"一种流淌在不完美的人身上的完美的爱"。当你相信他对你的爱时,你能感受到呼吸和身体上的放松吗?你能感受到你的思想平静了,心情改善了,更容易对他人敞开心扉了吗?相信爱是一种很美好的感觉,能让你充满活力。让这种感受沉入心底。想想另一个爱你的人,再试一次上面的做法。

回想一个你爱的人,感受爱的存在,知道你正在爱着。就像前文所说的那样,认识与相信你的爱,并从中获益。对你爱的其他人也尝试一下。

每一天,在不同的情境下对自己的爱敞开心扉。你可以问问自己:"作为一个充满爱的人,在这里对我来说什么是重要的?若要相信爱,什么才是正确的选择?"记住,你可以在专注于爱(或其某种表现方式,如同理心、公平竞争、善意)的同时,保持强大。如果你要坚持自己的主张,当你在一个充满爱的地方这样做时,会发生什么?

让爱流淌

20岁出头时,我体验了罗尔夫按摩治疗法(Rolfing),这是一种深层组织的身体疗法,可以帮你释放深埋心底的情绪。

我当时紧张地期待着第 5 节治疗——深入腹部。治疗过程中倾泻而出的不是被压抑的痛苦，而是爱——一波又一波的爱，由于难堪、对亲密关系的恐惧以及与母亲的斗争而被我压制的那些爱。

让爱自由流动的感觉相当棒。爱在我们体内流动，滋养并治愈我们。事实上，因为没有得到爱而造成的心灵创伤，有时可以通过给予爱来抚慰，甚至治愈。

爱在所有人体内自由涌动。无须推挤或泵出，仅需将其释放。如果爱被压抑了，就会受伤。在重要的人际关系中，你是否以某种方式压抑或淡化了你的爱？

选择去爱

很多年前，我当时的恋人做了一些令我震惊和受伤的事。具体经过就不详述了，但这件事相当紧张激烈。在经历了第一波反应之后："什么？！你怎么可以这么做？你在开玩笑吗？！"我稍微平静了一些。我有一个选择。

这段关系对我来说很重要，我能看出她关心的大多是她自己，而不是我。我意识到我可以告诉她，我们的关系岌岌可危……同时，选择去爱。考虑到各种情况，我觉得这是我能做的最自由、最坚强、最自重的选择。

令我惊讶的是，爱非但没有把我变成受气包或出气筒，反而保护了我，给了我动力。它让我远离争论和冲突，给了我一种自我价值感。我对她最终会怎么做很感兴趣，但奇怪的是，我并没有那么在意。我感到爱在滋养着我，支持着我，而她所做的一切都不在我的掌控之中。渐渐地，我从试图改变她，转向爱自己，这让事情有所好转。

爱，更多意味着我们去爱，而非被爱。一味期待让他人爱你，可能会让你沮丧，但是没有人能阻止你在内心寻找爱和感受爱。你可以选择"随心所欲地爱"，从你真实可得的范畴顶端开始。在一段关系中的任一时刻，无论这个范畴有多大，处在这个范畴中的哪一点，都是你自己的选择。这不是虚假的，你感受到的爱是真实的。事实上，选择去爱便是双倍的爱，唤醒爱的意愿就是一种爱的行动，再加上随之而来的爱。

让爱存在于你与他人的关系中。爱在此处，你还需要看到真实的自己，真实的对方，以及影响周围环境的真实情况。在这段关系中，你还需要照顾自己的需求。爱是首要之事，其他的便会随之而来。

如果你陷入了非常糟糕的境地——也许是慢性疾病或让你感到痛苦的失去，当你无能为力的时候，你能做什么？实际上，你总是拥有一个选择：去爱。

看见他人的爱

你可以去体会他人的爱——不论这份爱被他们内在的虚无、恐惧或愤怒遮掩了多少，就像透过树丛观看远处的篝火。感受人们对在关系中保持平和，给予爱与得到爱的渴望。在一段挑战性关系中，当你与对方内心中这种爱的能力与渴望（即使被压抑了）保持联结时，会发生什么？请注意，你感受到他人的爱，同时也直截了当地表明自己的权利和需求——这两者并不冲突。

相信爱并不意味着假设某个人会爱你。这意味着对每个人潜在的爱的本能有信心，对你自身爱的健康力量有信心，它能保护你并触动他人的心。

活在爱中

从根本上说，你完全能感受到活在爱中。爱犹如一股水流、一口涌泉、一阵气流，它包围着你，带着你向前。善良、同理心以及其他形式的爱，可以成为你生活的中心。在冥想和日常活动中，试着感觉到你在吸入爱，呼出爱。你甚至会觉得爱就是你的一呼一吸……也许你会温柔地想："爱进来了……爱出去了……"

让我们从现实角度思考：如果今天，你第一次与另一个人相遇，于是你的生活就充满了爱，你会怎么样？你会做什么？你会说什么？如果你在爱中生活一周、一年，又会是什么样的？

爱，将带我们回家。

第三部分
与他人和睦相处

第 20 章

别太往心里去

想象一下,你与朋友乘坐独木舟,漂浮在一条平缓的河流之上。你穿着漂亮的衣服,准备参加周日野餐。突然,独木舟一侧传来一声巨响,船翻了。河水寒冷刺骨,你从四溅的水花中爬起来。此时,你看到了什么?两个少年正对着你哈哈大笑,因为他们之前偷偷摸摸地掀翻独木舟,这才让你跌进河里。你有什么感受?

现在再想象一下这个场景:朋友与独木舟,漂亮衣服与野餐,巨大的声响与跌进冰冷的河水里。当你从四溅的水花中爬起来时你看到了什么?这一次,你看到的是水下一根巨大的圆木撞上了独木舟。你有什么感受?

在这两种情况下,你的感受有什么不同?

在第二个场景中,震惊、冰凉的河水以及被毁的野餐都与第一个场景一模一样——但你并不会觉得自己被针对了。你可能会感到紧张和恼怒,但你不会认为这是冲着你来的——这只是一个糟糕的情况,你只需要应对它并从中吸取教训,也不会过多纠结于那根讨厌的圆木。

大多数"撞上"我们的人就像那根圆木。他们的一言一行都是由当时许多非个人的原因和条件引起的,比如他们的个人经历和社会的外部力量。我们需要处理他们对我们的影响，如果我们不要太往心里去，我们的痛苦就会减少，效率就会提高。

举个例子，我在洛杉矶长大，我经常开车，有良好的安全记录。我的妻子简是一个非常谨慎的司机，在高速公路上时，她更希望我来开车。我们的车通常行驶得很平稳，与前方车辆保持很远的距离，然而，她的手仍然会紧紧抓着副驾驶门，她的脚会做出假装踩下刹车踏板的动作，与此同时，她还会严厉地让我减速。

我认为她在针对我。

虽然我的父母很爱我，但在很多方面还是很挑剔。我是跟父亲学习开车的，而且他对此非常紧张。因此，多年后，我很容易感到自己受到了不公平的指责和责备，包括驾驶方面。

在对妻子进行了几轮反击之后（结果都不好），我开始思考这个问题：我真的在危险驾驶吗？不是。我一定要相信她说的话吗？答案也是否定的。另一方面，我能同情她吗？当然能，她是我爱的人，我不想为了提前5分钟到达某个地方而让她难过。我能否识别出，在她的反应背后一些与我无关的因素，比如缺乏在高速上驾驶的经验，深度知觉不够敏锐，必须避免任何撞击的脆弱肉体？当然能！换句话说，我能否更客观地看待问题，只关注如何改善我们的处境？这些想法帮助了我，当在她在车里的时候，我便会放慢车速。当我一个人开车的时候，我并不会总是这样做，但这确实改善了我们的关系。

如何做

关怀自己

当我们感到疲惫、有压力或饥饿时，肯定更容易感到被愚弄、被捉弄或被冒犯。另一方面，你把自己照顾得越好，你就越不容易把问题个人化。类似睡眠充足、每天找点乐子这样简单的事情，就能带来很大的改变。这样，别人的所作所为就不太可能让你觉得是人身攻击。

特别是，我们有一种深切的自然需求——希望被别人看到和欣赏。在童年时期，这种需求很强烈。如果你儿时缺乏来自父母、兄弟姐妹和同龄人的这些"社会供给"，你的内心就会产生一个空洞（这就发生在我身上）。成年后，你就很容易感到被误解、被忽视或被冷落。也许对方真的对你不好，你也很容易对此反应过度，并痛苦地认为他是在针对你自己。

对于这个问题，你可以刻意寻找并体验被关心、被重视的感受。一点一滴，一个神经突触连接到另一个，这样你就可以填补内心的空洞。之后当别人抨击你时，你会感到心里有一个巨大的"减震器"。他们的做法没有变化，但此时你会发现，这大多是他们的问题，而非你的。

识别对他人的假设

心理学中的一个重要观点是，我们习惯性地会将性格特质归因于他人，比如敌对态度或故意伤害他人的意图。有时这种归因是错误的、夸大的，或只是其他原因的部分呈现。

想想最近你与某人相处的不愉快经历，或一段具有挑战性的关系。你认为对方具有哪些特质，甚至是下意识的？你是否将过去他人对待你的方式"转移"到了这个人身上？例如，你认为他们像你的母亲或父亲，或者你曾经遇到的令人讨厌的教练或老板？

下面介绍一个简单但有效的小练习。你可以将一张白纸分为两栏，在左侧一栏列出某人的一些关键特质；在右侧一栏，针对每一种特质，列出不完全正确的地方。例如，我可能会在左侧一栏写上我妻子在我开车时是"专横的"，就像我那个挑剔的父亲；然后在右侧一栏，我会写上她其实只是"感到害怕"，总的来说她是个"有教养且懂得赞赏的人"。

我们的归因通常很快速、很武断，甚至没有被自己意识到。意识到这一点，对我们来说是一种解脱。你可以决定什么是真实的，或是不真实的。

尤其是，我们对他人的意图反应强烈，包括他们的动机、价值观和目标。想想孩子们互相大喊："你是故意的！"但很多时候，我们只是他人生活中的小角色，只是恰好碰上了他们糟糕的一天。即使他们对你做的事是有意为之，也很可能是他们的一个微小的瞬间反应，他们的本意并不想针对你和伤害你。他们可能对你有其他意图，包括好的意图。不要否认对方故意的行为的真实性，试着对自己说：

在这一切的背后，你的动机基本上是好的。

你以这种有问题的方式行动，是因为在内心深处你想要_____。

你被激怒了，并且做出了很糟糕的行为，但并不是因为你精心计划了要来伤害我。

嗯，我误解了你的意思以及你说这些话的原因，我能理解你做_____的积极意图。

当你焦虑的时候，你确实会变得控制欲很强。但是，我能理解这是出于你的恐惧，而非对我的批评。另外，大多数时候，你并不焦虑。

知道自己要做什么

别太往心里去，并不意味着任由自己被他人虐待。可能确实有人想故意针对你，这可能是偏见和歧视的社会模式的一部分。作为一名顺性别、异性恋的白人男性，我的优势是能够避免他人的攻击和偏见。尽管如此，我也曾被人欺骗、掠夺、背叛过。这是真的。这很伤人、很可怕，而且这是我们必须面对的事情。

正如我们在前文中探讨过的，你可以同情自己，找到一种拥有平静力量的感觉，并且知道你的价值无须依赖他人。你可以有意让自己体验一些像"解毒剂"或"止痛膏"的经历，比如回忆在工作会议中遭受的不公平的攻击时，你可以想想那些称赞你的人。你可以向朋友寻求支持和建议，可以对他人的动机和其他内在动力形成深思熟虑的见解，可以对事件的恶劣程度做出自己的判断，从小小的冒犯到毁灭性的伤害。你可以利用本书第四部分和第五部分将提到的方法，和对方交谈。

无论你是否会与对方交谈，从现在开始，你都可以为接下来的行动制订计划。你可以在保护自己和追求目标的同时，以一种更客观、更宏观的方式看待这类事情。也许你决定在其他朋友身上投入更多时间，结束一段浪漫关系，调换到另一个部门，或者只是在看清他们是什么样的人时以礼相待。

知道自己要做什么，会让你平静下来，集中精力。回到本章开始的那个场景，你可以应对跌入水里的局面，未来更小心地避开河里的圆木，甚至选择另一条河。而且别太往心里去。

第 21 章

摆脱头脑中的战争

有时候,我们会陷入对另一个人的敌意、怨恨,甚至报复的想法和感觉中,就像我们在脑海中与他们进行了一场战斗。这是一场没有硝烟的战争,取代炮弹的是长期的冲突和愤怒的情绪。也许是你和同事为一个项目争论,和恋人间的关系慢慢破裂,或是已经离婚的父母为你的假期安排而争吵不休,也许是和他人一场礼貌而冷漠的暗潮汹涌的冷战。在我与他人的内心战争中,我沉浸在往事当中,想象着我应该说什么,并期望别人会支持我。我陷入了这场战斗,但主要的受害者是我自己。

16 岁那年,我在驻扎在太平洋旁边的一个夏令营工作,我有时会在海藻森林里潜水。有一次,我愚蠢地游进了一丛海藻中,以为穿过它们就会到达空旷的海域。但之后我游进了更多海藻之中,它们长着厚厚的橘黄色叶子,又长又壮的藤蔓从海底向上延伸。我被困住了,我的氧气快耗尽了,我开始感到恐慌。我开始与海藻搏斗,不断挣扎,海藻却把我裹得越来越紧。不知过了多久,我清醒了过来,我与海藻的战争就此结束。潜水面罩挂在我的喉咙上,呼吸管从我嘴里扯了出来,我还弄丢了一只脚蹼。我慢慢地让自己从海藻中挣脱出来——而不是与之搏斗。我努力地向上游,最终从海藻中间逃脱,看到了头顶上明亮的银色海面，我继续上潜，最后呼吸到了宝贵的空气。

我们当然需要维护自身的权益，处理棘手的事情。但如果我们在被怒火困住时这么做，就像游泳者被海藻缠住一样，这对我们或他人来说都没有好处。处于战斗状态的大脑感觉会很糟，它充满愤怒和恐惧。我们的身体加速运转，在激活的压力下日渐磨损。我们的认知和信念会受到偏见的影响，且充满防御；我们的反应会变得快速而激烈。所有这些都可能导致其他人同你"开战"，从而引发恶性循环。

如何做

想想你和他人之间紧张的关系或发生的冲突，任何形式都可以。可能是现在，也可能是过去，那些人你一想到就会生气。

心理因素

不管他们做了什么，不管情况有多糟糕，试着觉察那些情境中可能包含的，导致你深陷这场战斗的心理因素：

- 是否存在情感上的回报，比如认为自己是对的、自以为是，或优越感？如果有，问问自己这些回报是否值得你付出这样的代价。
- 你的反应是否抑制了受伤或悲伤等更柔软的感受？如果是，尝试带着同情去探索这些潜在的感受，接纳它们，让它们自然流动，慢慢地不再受愤怒的困扰。

- 持续的争吵是否会让你觉得自己有资格向对方索取（例如，现在他们"欠"你了）？如果是，可以思考一下你的权利和需求是否正当，并且无须对他人提出任何额外要求来证明它们的合理性。想象一下，你将为自己的权利和需求发声，而非将其置于你对他人不满的框架中。

熟悉的脚本

思考一下，你的成长经历和生活经历如何影响了你处理冲突的方式。在我的家庭中，我的父母经常为同样的问题反反复复地争吵，所以我没有能真正解决冲突的模型——这也是这本书的主要内容。我离开家后，参与了人类潜能运动的研究，学习了临床心理学。我发现，在一些家庭中，冲突可以通过某个家人的独裁得到解决，而其他表示默许的人表面顺从，内心则充满愤恨。类似的互动模式在一个人的童年时期，也可能会出现在与其他孩子的交往中。例如，我在学校时害怕欺凌者。随着时间的推移，这也会出现在与其他成年人的交往中。

这些与他人建立联结的方式会逐渐内化，包括我们与他人如何相处方面——无休止的争吵？为了维持和平而屈服咄咄逼人？以及内心如何感受。当意识到你可能再现了熟悉的"脚本"（来自你的自身经历）时，你会感到尴尬或沮丧。你要提醒自己，我们生来就要从人生经历中学习，你已经选择了更加积极的方式，因为你愿意诚实地面对自己。只要意识到这些脚本就能降低它们对你的影响。改变它们可能需要一些时间，你会发现自己仍然在说一些非常熟悉的台词，就像我在意识到之前反复做的那样："哎呀，我对孩子说话的语气又像我爸了。"但渐渐地，你将能够摆脱旧脚本，以反应性更低且更高效的方式同他人处理问题。

平和的心态

试试下面的小练习（可以根据你自己的目的随意修改）：在一页纸中间画一条竖线，将其分为两栏，左侧一栏命名为"平静的力量"，右侧一栏命名为"战斗中的大脑"。在每一栏中列出对应的想法、感受和目的。例如，左侧一栏可能包含"冷静，大局观，耐心，不受细枝末节的干扰"；右侧一栏可能包括"心跳加速，要他们付出代价，执着于一件事，相当不开心，苦思冥想，压力，紧张"。

然后，暂停一下，思考两件事。第一，你可以维护自身权益。后续章节将告诉你怎么做，同时保持内心平静。他人可能会同你"开战"，但这场战争无须入侵你的头脑！你不必在内心与他们争吵，你不必被正义和敌对所侵略和占领。从根本上说，你不必被他人的思想洪流所裹挟。想一想在他们想法背后的"神经动荡"：难以置信的、复杂的、动态的、具有很大随意性的瞬时神经元连接，接着一片混乱，接着再次连接。为他人的想法而烦恼就像为瀑布的水花烦恼一样。试着把你的想法与其他人的想法分离开来，告诉自己："他们在那里，我在这里……他们的想法和我的想法是分开的。"回想一个这样的人：既强大又对他人的好战行为无动于衷。想象一下，当他处于你的境况中时会怎么想？他会有什么感受？并将这种感觉刻入内心深处。

第二，看看"战斗中的大脑"对你或其他人来说代价有多大，包括无辜的旁观者，比如孩子。当我回想这一生所犯的错误时，大多数错误都是我深陷内心中的某种战争造成的。对你和其他人来说，更大的好处是什么？你也许可以让对方赢得小小的胜利，来增强内在的幸福感。发自内心去选择，让内心更加平静。

我们可以认识到自己内心的战争，而非陷入对他人的指责、看法、威胁和批评中。外部世界也许不会改变，但如果你结束了自己大脑中的战争，你的感觉和表现会更好，并有助于让世界变得更美好。

第 22 章

接受他人本来的样子

我承认,我希望有些人能有所不同。这取决于他们是谁,我希望他们不再做一些事,比如及时关上厨柜的门,别给我发垃圾邮件,或重视全球变暖。我希望他们能主动做一些事,比如更友好、更乐于助人。即使这些事不会直接给我带来影响,但为了他们自己的利益,我确实希望他们能更有活力、不那么焦虑,或少一些自我批评。

你希望周围的人在哪些方面能有所不同?想想你身边的人:同事、邻居和高速公路上的司机,希望他人能有所改变是很正常的,就像你希望自己有所改变一样。(比如,你希望自己更富有、更聪明)。尝试使用巧妙的、合乎道德的方式影响他人是可以的,但当你陷入吹毛求疵、纠缠不休、蔑视或任何其他类型的"斗争"时,问题就来了。与之相反,我们可以去接受他们是什么样的人,以及不是什么样的人。

接受意味着你"屈服于"真相——事实,现实——不论它是什么。你不喜欢某人某事的原因也许可以理解。例如,我不喜欢这些事:世界上有很多孩子每天都在挨饿;我的父母都已经过世了;我曾发脾气伤害了他人。但事实就是如此,我们可以学着接受它们,同时努力让这个世界变得更好。接受所知所见，能使我们相信事实，这是我们获得持久的效力、幸福或疗愈的起点。

接受他人本身并不意味着赞同他们、喜欢他们，或者淡化他们对你的影响，你仍然可以采取适当的行动，你只是接受了关于对方的事实。你可能不喜欢它，你可能为此感到悲伤或愤怒，但在更深的层面上，你能与它和平共处，这本身就是一种祝福。而且，有时候，你的态度转为接受，便可以开启让关系得以改善的大门。

如何做

要拥有明确的接受体验，你可以从简单、直接、无可争辩的体验开始，比如接受呼吸。做几次呼吸，专注于让呼吸顺其自然的感觉。试着在心中对自己轻声说："我接受胸部抬起……胸部落下……我接受空气的流进和流出。我接受我正在呼吸……我接受正在呼吸的事实……"试着更进一步："我接受这个事实，我的身体需要空气……我承认我需要呼吸。"

接受是什么感觉？关于接受有什么是令人愉快或有意义的？

接受难以接受之事

现在尝试想一些让你难以接受的事情，从一个较小到适中的问题开始，比如"我不敢相信有些人开车时不时打转向灯……我不喜欢我室友洗碗的方式……我希望我的伴侣不要那么理性，而是多去了解他人的感受。"

接着，试着接受这个事实。对自己说（根据自身的事实进行补充）："_____ 这是真的……我看见 _____……我承认这一事实 _____……我衷心希望 _____ 不是这样的，但事实就是这样……我不再坚持 _____……我接受 _____。"看看你对事实的态度是否能缓和，是否能敞开心扉接受事物的本来面目。

理解自己无法接受的阻碍

当你试着更加接受他人时，你可能会遇到两个常见的阻碍：第一个阻碍是想避免失望，甚至绝望。当你发现某人真的就是那样，而且他很可能永远不会改变，你就会感到失望甚至绝望。提醒自己，当这些痛苦的感受流经意识时，你可以忍受，同时会更深刻地接受对方的现实情况。

第二个阻碍是想努力推动某些根本不可能发生的事。例如，虽然这个事实令人难过，但有人永远不会承认他们做了什么，也不会给你渴望已久的爱。我们的优点（而不仅仅是我们的缺点）也会让我们陷入麻烦，比如过于执着而在无法通往目标的错误道路上坚持太久。感受可以理解的沮丧和遗憾之后，想象一下，把你的精力放在有更多支持和可能性的地方。

完全接受某人

选择一个对你来说很重要的人。（你可以对很多人做这个练习。）在心里对自己说，大声说出来，或写下如下话语，然后看看感受如何:"我完全接受你……有无数原因导致了你像现在这样思考、说话和行动……你就是你……我顺其自然……你的存在是这样一个事实,我接受生活中这个事实……你和我都是这个世界的一部分,这就是事实,我也接受这一点。"

如果你愿意,可以更具体一点,说出这个人特别让你烦恼的方面,比如"我接受你打鼾……总是迟到……把衣服扔在地板上……还在生我的气……对性没有兴趣……在离婚这件事上和我拼命抗争……不理解我"。

想想你是如何和这个人纠缠在一起,并且努力想要改变对方的。当我反思这个问题时,我开始意识到自己的冲动、易怒和受伤。看看你是否能放下执着,甚至全部的纠缠。当你这么做的时候,放松与平静就会到来,敞开心扉去迎接它们。

想想看,当你知道另一个人完全接受你的时候,你有多么开心。这是一份美丽的礼物,当你们接受他人的时候,你也可以把这份礼物送给对方。如果对方觉得你完全接受了他,你们之间的关系会如何改善。接受是一份能得到回报的礼物。

我们很容易接受美丽的日落、金色的奖杯和温暖的微笑。让我们难以接受的大都是艰难之事。因此,重要的是珍惜平静,因为平静来自放弃与现实的斗争。

当你面对现实时,你仍然可以在你能力范围内做任何事——不幸的是,你也可能什么都做不了。接受现实通常会缓和你与他人的冲突,在某种程度上,你的心灵也会得到舒缓,进入柔和而清明的状态,带着来之不易的、诚实的自由。

第 23 章
放松点，你早晚会被批评的

本章的标题有点儿幽默的成分。我想表达的是，我们花费了太多时间为他人的批评而忧虑。是的，你可以努力尝试，尽力而为，不断妥协，但迟早会有人指出你的错误。通常这是一种含蓄的批评，比如在你并不真正需要的时候给你建议、帮助或教导你、纠正你，或者把你和他人做消极比较。

换言之，批评是不可避免的。我们不是没有感情的机器人或昆虫，批评让你不舒服，有时还会让你受伤，这是很正常的。但不论批评中有效的内容是什么，我们都会额外刺伤自己，增加痛苦。这种"额外的痛苦"（是自己造成的伤害）包括在对方已经离开很久，但他的批评仍在你的脑海里反复回荡。当我们准备好面对未来可能的批评，或者畏手畏脚以避免批评时，也会给自己带来不必要的痛苦。其实很多时候，批评并未真正发生！我们倾向于把年幼或年轻时的期望转移到成年期。也许过去你确实经历了很多批评，但今天你可能和不同的人在一起——希望没有那么挑剔。就我个人而言，我花了太多的时间蓄势待发或过度准备，以便先发制人，应对预期的羞辱攻击……事实上，这是极不可能发生的。

况且，即使你真的受到了批评，这就是你最恐惧的经历吗？通常不是。你可以随机应变，接受有用之处，对提出批评的人形成你自己的结论，从中吸取教训，然后继续前行。

如何做

当批评的声音向你袭来时，暂停一下，在心里整理一下，确保你已经理解了。这些批评可能是精确而具体的，但也有许多批评是模糊的、令人困惑的，或夸大的。当你试图理解它们时，你可以想想那些关心你的人，回忆起你在很多方面都做得很好，也很优秀，以此让自己振作起来。

当你理解了这些批评之后，就可以决定如何应对了。当批评者对事实的理解是错误的，或他并不了解背景情况时，他们对你的一些批评有可能是完全错误的。你有权不同意他们的批评，即使你只是在心里这么想。

另一些批评可能源于你不认同的偏好或价值观。例如，有些人就是比一般人更喜欢与人亲近。仅仅因为你比你的伴侣更喜欢独处，并不会让你变得冷漠或排斥；你的伴侣也没有压制或控制你，这只不过是两人价值观上的正常差异。带着好奇和同情来谈论它也许是合适的，但不要评判它。

有时，我们做了一些确实需要被他人巧妙纠正的事情（比如我开车太快了，我妻子让我放慢速度是对的），但批评中不要夹杂强烈的情绪、羞辱或人身攻击。正如第 11 章中提到的，将真正的道德过失，与只是需要改正并从中吸取教训的事区分开，是非常有用的。

有时，我们会做一些让自己懊悔的事。如果可以，请做出弥补，问问自己，如果你的朋友做了同样的事，你会让他做何种程度的懊悔，然后看看你对自己的要求有所增加还是减少。

当你知道你可以用这些方式应对他人的批评时，就不会再沮丧，你可以让自己更开放地接受批评。你不会去防御、阻挠或反击那些批评你的人，你不必为了避免麻烦而处心积虑，也不必为确保不犯错而心神不宁或过度计划。

更重要的是，要意识到各种形式和风格的批评是人生中无可争辩的事实。所以，就这样吧。我们的生活和这个世界存在着更大的问题，也蕴藏着更大的机会，是时候更加自信勇敢地生活了。

第 24 章
保持单方面美德

社会心理学的一个基本观点是，关系通常会形成一种稳定的平衡，以抵制变化，即使这段关系充满冲突和痛苦。在做伴侣咨询时，我见过许许多多类似的情况。在这段关系中，每个人都有自己不喜欢的地方。每个人都希望对方在某些方面能有所不同。每个人都很清楚自己的伴侣想要什么，但他们被困住了。本质上表现为，伴侣 A 对伴侣 B 说："如果你改变，我就改变。"而伴侣 B 回答说："好！你先改变！"

我们大都倾向于花更多时间思考他人应如何更好地对待我们，而不是思考自己应如何更好地对待他人。面对重大冲突时，这种情况则会加剧。对于他人能够也应该做得更好的方面，我们头头是道。

当然，他人对我们也抱有同样的想法。

虽然这种情况很正常，但它会在我们的关系中造成僵持、恶性循环，以及不断升级的螺旋，事情似乎毫无希望。就情绪而言，这就像长期浸泡在伤害和怨恨之中。

另外一种选择即我所说的"单方面美德"——即使他人不遵守原则，你也要遵守自己的原则。将 20% 的注意力放在他人可以做得更好的地方，将 80% 的注意力放在你自己可以做得更好的地方。承担最大限度的合理责任来解决他人的期待和不满，要知道"最大限度的合理责任"是由你决定的。

一开始你可能会想："哎呀，为什么要我先改变？明明是他们冤枉我。"但是对自己负责，遵守自己的原则也有很多好处，只要你认为这是最好的选择，你就不会有停滞感和无助感，因为你把注意力集中在了你能控制的地方——你自己身上而非你不能控制的地方——他人。不论别人做了什么，你都要选择更积极的方式，享受"无可指责的幸福"，这种感觉就很好。此外，这是你得到他人友善相待的最佳策略，因为你能让激烈的情绪冷却下来，继而解决问题，也减少了对方挑剔你的机会。随着时间的推移，这种做法能让你处于一个更有利的地位，去要求——如果需要的话，去坚持——他们也会对你的需要和愿望做出回应。

如何做

这个问题的本质很简单：把主要关注点放在你能做什么来改善关系上。在生活中，我们可以"关注原因"，但我们无法控制结果。你可以给果树浇水，但你不能强迫它给出一颗苹果。从对他人的关注，转移到你自己今天要做的事项清单上，这会让你感受到一种美妙的解脱。

发现真实

这并不意味着你要面带快乐的微笑，假装一切都很好。在任何时候，我们都能在一定的范围内真实地回应他人，而单方面美德意味着我们以这个范围的顶端为目标。例如，如果你和某人关系很紧张，你可以以礼相待，同时保持冷静、疏远和客气。与此同时，你会完成你的任务，遵守你的约定，同时远离改变无望的争斗。

照顾自己

为了能让自己选择更积极的方式，请善待自己，包括本书第一部分提及的各种方法。小心那些让你头脑混乱并导致过度反应的事情，比如睡眠不足或饮酒过量。记住，这对你和他人都有好处，并以此保持积极性。

履行责任

在纸上写下来，或在心里明确你在一段关系中的责任。根据具体情况，这些责任可能包括一些实际的事务，比如"每隔一晚洗一次碗""每周五下午 4 点前交周销售报告"；还有一些更整体性或情绪化的事情，比如"在对话中保持专注""当我们与亲人互动时给予支持"。考虑一下关系任务，比如"留出我们的时间，询问对方的感受"。你可以想象一下你作为父母、雇员、年迈父母的成年子女、配偶、朋友，或者只是一个正派人的"职位描述"。虽然这看起来古怪且正式，但明确地列出来能让人感觉更加客观，你能简单明了地知道自己应该做什么，不论他人如何履行了自己的责任。

遵守你的原则

你每天睡觉时,怎样会给你一种自尊的感觉?这就是你的个人行为准则。虽然这些原则看起来很明显,但在纸上写下来或在心里明确它们是很有用的。这些原则可能包括:一定要给他人对等的发言时间;不要在孩子们面前酗酒;不要喋喋不休;尽我所能提供帮助;遵守我的约定。回想一下你陷入冲突的时候:你希望自己当时怎么做?

处理他人的抱怨

抱怨是正常的,大多数人都会抱怨他人。在关系中,对方的抱怨通常很明确,如果你不确定他为什么抱怨,你可以问,你要清楚对方的"抱怨清单"上都有什么内容。或者,如果你愿意,想想你可以合理地做些什么来处理他们清单上的一些、大部分,甚至所有条目。想象一下,逐步清理对方的抱怨清单会是什么样子?这对你们的关系来说有什么好处?

选择更积极的方式

单方面美德对你而言,真的很重要。当你拥有了单方面美德,生活的许多事情会变得更加清晰。你只需做好你自己。这并不容易,可能会有人阻碍你,你的处境仍然很有挑战性。尽管如此,只要每天遵循自己为人处事的原则,你就能获得一种内在平静和自我价值感。

当你这样做的时候,你也能看到他人的反应。一段时间之后（几周或几个月单位，而不是几年），你可以重新评估这段关系，并决定是否需要更多地和对方谈论你的期望和不满。如果你选择这样做，这段关系就将具有更坚实的基础。并且，自始至终，在你心里，你知道你已经尽了最大的努力。

第四部分

维护自身权益

第 25 章

放下不必要的恐惧

在他人面前谨慎或紧张是正常的。例如，如果在会议上有人不同意你的观点，你可能会感到不安，并且担心其他人的看法："我是不是太强势了？我的老板喜欢我吗？他们会觉得我不够聪明吗？"当天，你晚些时候回到家时，假设你青春期的儿子像往常一样安静而易怒。你想告诉他，你们之间冰冷的距离让你感觉很糟糕，你想向他敞开心扉……但这种感觉很尴尬，你害怕事情变得更糟，因为你像他这么大，向父母倾诉衷肠时进展并不顺利。所以，又一次，你什么都没说。

其他社交焦虑包括对自己外表的担忧、公开演讲，与权威人士交谈，与和你不同的人待在一起等。有时这些恐惧是有道理的，有人可能真的想给你施加压力、伤害或利用你。安全是我们最基本的需求，对威胁有清醒的认识且善于应对是至关重要的。尽管如此，我们对他人的许多恐惧实际上也是没有道理的，因为他们并不真正关心我们做了什么，即使他们关心，那也只是一种转瞬即逝的感觉。

如果你面临真正的威胁，你可以坚定且自信，而不是为此焦虑。焦虑会加强我们的反应。有时，焦虑是有帮助的，但很多时候它会蒙蔽我们的思维，加重我们的痛苦，加剧我们与他人之间的冲突。在与他人相处时，我们可能不够焦虑，或过于焦虑。哪种情况更常见呢？

后者更常见。当不必要的焦虑搅入生活的调味汁中时，会让它变得苦涩。

如何做

焦虑会变成一种长期习惯，很难改变。人们甚至会为自己不焦虑而感到焦虑，因为他们可能会降低警惕，再次受伤。更重要的是，你要意识到，你可以对潜在的焦虑保持警惕和强大，而不感到焦虑。

要意识到不必要的焦虑的代价——无法提供信息，毫无用处。除了感觉糟糕之外，焦虑还会让我们在与他人相处时畏畏缩缩，压抑自己的真实感受，变得自闭，或者好斗。如果你想摆脱毫无价值的恐惧，就下定决心吧。

摆脱纸老虎妄想

这有助于我们理解为什么神经系统如此容易被"警报"所劫持。为了让我们的祖先活下来，大自然母亲发展出倾向于高估威胁、低估机会，以及低估应对威胁和实现机会的资源的大脑。这对于在生死攸关的环境下生存是有益的，但这对于幸福和充实的关系来说则是糟糕的。我们有不必要的焦虑不是我们的错，但解决这个问题是我们的责任，也是我们的机会。

因此，每当某些事情似乎对你有威胁时，比如你面对某人时更脆弱、流露更多感情，或更果断，你认为可能会发生什么？问问自己：

- 我是否高估了这个威胁？
- 我是否低估了此处可能存在的机会？
- 我是否低估了应对这个威胁和利用这些机会的资源——包括内在和外在的。

像这样后退一步去理解自己的想法，可以立即帮助你缓解焦虑。

识别你的涡轮增压器

思考一下你过往的生活，尤其是童年时期，是否有过什么威胁、恐惧，甚至创伤？你是如何学会处理威胁和控制焦虑的？这些经验教训在当时可能有帮助，但现在它们就像嵌在你体内的涡轮增压器，扭曲你的感知，激化你的情绪，驱动你冲动行事。花点儿时间列出你自己的"涡轮增压器"，随着你对它们的认识越来越清晰，它们对你的影响也就会越来越小。你可以用如下明智的方式和自己对话："这不是在初中……他不是我爸爸……他们批评了我，但这不是恐怖袭击……我并没有完全被拒绝，尽管感觉是这样的……这些受伤的感觉主要是旧的情绪记忆，而不是基于此时此地的真实情况。"

别害怕

想想那些你认识的关心你的人,试着对自己说:"我知道你不会攻击我。"你可以根据自己的说话方式来改编这句话,然后看看你有什么感受。再次对自己说:"即使你真的攻击了我,我的内核心也不会有事。"让这一真相以及与之相关的良好感受沉入你的内心。继续对自己说:"和你在一起的时候,我能照顾好自己。"同样让这沉入内心。接着说:"即便你真的伤害了我,我的内核依旧完好。"以及"祝你一切顺利"。如果你做这个练习有任何困难,可以对其他爱你的人尝试。利用我们之前探索过的平静的力量,试着去感受这样一种状态,在这种状态下,你能真实地认识他人和情境,你能照顾自己的需要,没有不必要的焦虑。

接下来,回想一个朋友来做这个练习……然后是一个中性的人……然后是一个对你来说具有挑战性的人。如果真的有什么值得焦虑的事情,那就顺其自然。除此之外,保持开放的心态,以现实的态度对待他人,捍卫自身的权益——没有感到任何无谓的恐惧。

在与他人积极互动时,也可以尝试这种方法。你能与家人、朋友、中性的人或有挑战性的人交谈,而没有一点不必要的担心、恐慌或不安吗?当你加深了对他人适当的无畏感,就让这种体验沉入你的内心,这种存在方式也就会深深在你身上扎根。

享受这个练习带来的自由感,与他人相处时更轻松、更自信。注意观察,当你没有恐惧时,你是如何变得更放松、更耐心、更开放,并且更关心他人的?

第 26 章

找到内心的立足点

我去过新西兰几次，我真的很尊重也很喜欢那片土地。我在那里学到了一个毛利语——*tūrangawaewae*，意思是"站立的地方"，它对我来说意义重大。

我敢肯定我不知道这个词在新西兰文化背景下的全部含义，但从基础层面上说，我们显然都需要一个立足点。诚然，这个立足点包括物理地点——陆地和海洋、家园、一张可供休息的床，还包括心理和精神场所——感到被爱、内心平静清明，了解真相、同情心与道德感，以及务实的计划。还有一个相关概念是庇护所——能够提供庇护、滋养和灵感的地方。例如，一个人可能会向他信任的老师、智者和一群善良的人寻求庇护。

即使在最好的情况下，我们也需要一个内心的立足点。生活中挑战会不断出现。也许是伴侣刚刚对你大发雷霆，同事在背后诋毁你，你正面临着健康问题、财务问题或全球流行病……当你被任何外在的事情动摇时，找到并坚守自己的立足点尤为重要。

如何做

找到当下的立足点

此时此地,从你的身体开始,从简单的、不可否认的感觉开始,如呼吸的感觉,双脚踩在地板上的感觉,背靠在椅子上的感觉。当你站着的时候,你可以稍微弯曲膝盖,感受重心和立足地面的感觉。注意你的"持续存在"(going on being)——这是开创性儿科医生和精神分析学家唐纳德·温尼科特对基本需求的术语,可以追溯到婴儿时期,感到并知道自己存在着,且持续存在着。这似乎是显而易见的,却让人深感宽慰。

这种持续存在感可以帮助你活在当下。无论过去发生了什么,无论未来会发生什么,所有现在真实的东西在当下都是绝对真实的,是无法从你身边夺走的。试着把对未来的想法和恐惧从当下的现实中分离出来。现在,什么是真实的?可能有很多好事,在你的意识中有值得信赖的稳定性,你的大脑在工作,你可以思考、计划和发挥功能。你会感到压力和悲伤,但你内在的核心大体上还好吗?大多数时候,大多数人当下基本上都还好。一次又一次认识到这一事实,是令人平静的,它也是缓解焦虑的灵丹妙药,这是我所知道的最有效的方法之一。

看看周围,有什么可为你提供支持?有什么可令你信赖?实物,如椅子和墙壁,叉子和铅笔,食物和水;远近的人,亲朋好友,维护你身心健康的专业人士,老师和智者。当我们习惯了持续的美好时,大脑就会忽略它。所以,试着有意识地留意它,然后让这种留意变成一种安心和自信的感觉。

第 26 章 找到内心的立足点

认清事实

若要找到立足点,就要确定相关事实。除非是紧急情况,否则一定要给自己争取一些时间来确定发生了什么。例如,对方实际上说了什么?语境是什么?语气怎么样?有什么明显的意图?其他人以何种方式参与其中?有哪些持续的因素可能会导致你重蹈覆辙,比如有人认为他们不必遵守与你的协议?

有些人可能不喜欢你为认清事实、摸清真相所付出的努力,其中可能有很多原因,如只是不想花时间谈论它……处于防御状态,不愿承认错误……故意欺骗等。如果对方习惯在关系中占据主导地位,如果你反击他们的否认和分心,你们的关系就可能会变得紧张。尽管如此,你也可以带着同情心,敞开心扉,同时避开那些试图迷惑或恐吓你的人。

如果这个问题对你来说并不是那么重要,并且你发现,寻求真相会让你们的关系付出代价,这是不值得的,那么你可以放弃。另一方面,你可能会认为,对方的不适感并不是一个充分的理由,不足以让你放弃对重要事物真相的追寻。例如,我曾与各种专业人士合作过,包括水管工、电工、律师和医生。他们的初衷都是好的。有时他们会说有些事是真实的,或者有些事需要优先考虑,但这对我来说不合情理,所以我会试着去了解更多。我妻子可能会翻白眼,有时专业人士也会。尽管如此,我还是会礼貌地询问。大多数时候,他们会澄清我在某些方面的误解。但有大约 1/20 的概率,我的问题会让一些重要的事实浮出水面。

如果某件事让你感觉有点儿怪,请相信这种感觉。我们常常无法弄清每一个细节,但你通常可以很好地了解已经发生且可能再次发生的事情。

制订计划

知道你要做什么,至少下一步要做什么,会让你感到平静和有底气。计划可以是简单而具体的,比如你要把一本小日历放在冰箱上,用来提醒夫妻间的共同事务。计划也可能更宽泛和遥远,比如决定逐渐脱离一段关系。

计划的目的是达到特定的目标。和某个人在一起,在这段关系中,什么对你最重要?你的优先事项是什么,你的相关价值观是什么?你在乎什么?你认为你对他人和对自己的责任是什么?总而言之:你的理由是什么?

在你试图找到自己的立足点时,思考以下问题会有所帮助:

◎ 你的个人实践——你如何保护和加强自身的幸福感和能力?这是一切的基础,而且这是你可以直接控制的。例如,你可以承诺每天多花一点儿时间冥想、爱他人并感恩。这是个好计划!你也可以决定远离那些没有什么价值、让你倍感压力的活动、人或媒体。

◎ 保护自身的利益——你现在是否面临什么紧迫的威胁吗?家庭暴力在社会各阶层都很普遍,这是一个可悲的事实。如果你曾经或可能在身体或情感上受到过虐待,通常的建议是,在试图与对方解决这个问题之前,先与专业人士讨论。或许你,正为平庸的主管或敌对的同事而烦恼。如果是这样,你的计划可能包括,书面记录下你关心的问题,寻找盟友和导师,或者找一份更好的工作。重新审视你的健康、财务状况,并为紧急情况做准备。一开始你可能会觉得难以承受,但你可以列出一些合理的行动,然后一天一天慢慢地完成。

◎ **为他人着想**——也许某个老师就是不能满足你孩子的特殊需求,因此你的计划可以是简单地度过这一学年,再到试着转到另一个班级。又或许你的母亲中风了,你的计划是为她找到更高水平的护理员。

在你的计划和接下来的行动中,把注意力集中在你能控制的范围内。列一个清单,然后逐一完成。有效的行动是无可替代的。根据我作为治疗师的经验,很多人知道他们应该做什么,但就是不去做。迈出一步,环顾四周,再迈出一步。继续前进,用行动缓解焦虑。

要知道,你并不孤单。无论你正面临什么,从与伴侣争吵到为孩子忧虑,再到忧国忧民,还有很多人现在也面临着同样的问题。你关心他人,他人也关心你。我们生活在人际关系网中,即使它在某些方面已支离破碎,你也可以感受到那些同样内心动摇,并试图找到立足点的人的深切情谊。

第 27 章

学会尊重并利用愤怒

愤怒相当棘手。一方面,愤怒——感到恼怒、怨恨、厌倦、失控、愤慨或暴怒——提醒我们存在真正的威胁、真正的伤害和真正需要纠正的错误,并激励我们对此采取行动。在我的成长过程中,我的父母拥有愤怒的特权,所以我压抑了自己的愤怒以及其他许多情绪,找回自己的内心是一段漫长的旅程,包括内心的愤怒。

无论在个人关系还是在整个社会中,拥有更多权力或特权的人可能会告诉你不应该这么激动,实际上,你有充分的理由和权利感到愤怒。在任何情况下,你都可以对正在发生的事情、糟糕的情况,以及你是否想发怒或持续生气得出自己的观点。

另一方面,愤怒:

- 在怒火中烧时,你会感觉很糟糕。
- 缩小你的注意力范围,导致你忽略大局。
- 影响你的判断,驱使你冲动行事,甚至可能使用暴力。
- 制造并加剧你与他人之间的冲突。

如果你觉得自己受到攻击、受了委屈、感到失望或被激怒了，愤怒似乎是合情合理的："我当然生气了，是你惹我生气的，这都是你的错。"这种感觉很诱人，通常伴随着多巴胺的激增，让人有种回报感。尽管如此，发怒的人还是会受到伤害。例如，长期的敌意会给健康带来重大风险，包括心血管疾病。古语道："愤怒既有蜜汁，也有毒刺。"还有句谚语："怨恨他人就像自己吃了毒药，却等待他人为此丧命。"

此外，愤怒也会伤害他人，有时还会反过来伤害我们自己。消极情绪有 4 种主要类型——愤怒、恐惧、悲伤和羞愧，其中愤怒对他人的影响最大。你只需要对某人大发雷霆一次，就会永久地改变你们的关系（我从无尽的懊悔中得到了这个教训），双方可能会陷入怨恨和报复的恶性循环。类似的过程也发生在群体中，从家庭间的对抗，到整个国家间的对抗。群体通常会围绕共同的不满而形成共同的身份认同。纵观历史，许多领导人都利用了这一点来增强自己的权力。

那么，如何才能找到一个平衡点，既尊重并利用愤怒，又不被它所毒害，也不会给你的关系带来不必要的麻烦呢？

如何做

愤怒通常分为两个阶段。首先是准备，比如疲劳、饥饿、疼痛、压力、挫折、受伤或受虐待的感觉不断增加。然后是触发，也许是某人发表了轻率的评论。准备就像一堆火柴，触发就是点燃篝火的火花。

留意准备阶段

试着留意准备阶段，并在它积攒之前尽早处理。从内在角度来说，你可以做一次深呼吸，长长地吐气，看向窗外一分钟，吃点儿零食，想一些能让你感受到平静或爱的事物，或尽量找到一种接受感——虽然你并不喜欢现实情况，但你不会为此生气。从外在角度来说，你可以尽你所能来改善当前的境况，比如关掉开始让你心烦的电视新闻节目，或者结束令人恼火的通话。从长远来看，你可以使用本书第五部分中的观点和工具来解决关系中的问题。

放慢脚步

当触发发生时，试着在你说任何未来会让自己后悔的话，或做任何未来会让自己后悔的事之前，放慢脚步。你的大脑对输入的信息（如一辆车在高速公路上挡住了你的路，或伴侣说了一句轻蔑的话）会沿着两条路径进行处理（为了简单总结复杂的过程）：信息沿着第一条路径快速穿过皮质下区域，比如杏仁核，它可以在不到一秒的时间内启动神经激素应激反应。接着你的心跳加速，肾上腺素和皮质醇开始在血液中激增，恐惧和愤怒的感觉在心中沸腾；信息沿着第二条路径前进时，你的前额叶区域会被激活，以弄清楚发生了什么，这件事有多严重，以及你该怎么做。前额叶皮质是一台奇妙的"生物设备"，但与在驱动冲动方面领先一步的皮质下相比，它的速度较慢。

当你暂停一下，哪怕只有几秒的时间，整理自己的思绪，前额叶区域就会跟上你的步伐，让你看到大局、你的长期利益、他人的需求、不同的选择，以及每一步的行动计划。

倾听愤怒

无论你的愤怒是突然爆发的，还是像一种潜在的恼怒和烦恼的情绪，它都会告诉你一些重要的事情。你可以谨慎地表达愤怒，同时仍然敞开心扉，去探索它。

你的身体有什么感觉？你对他人产生了什么想法？愤怒带来了什么样的自我意识，比如被愚弄或被虐待？这种愤怒有其历史根源吗？它也许在一段特定关系中，或在你的生活中，比如童年时期被欺负或成年后被歧视的经历？你有什么欲望，比如退缩或抨击？

愤怒的背后有什么？可能会有更柔和、更年幼的感觉，比如沮丧、受伤、担心、内疚或挫败。愤怒是压制这些脆弱情绪的一种方式吗？

愤怒中是否携带着重要信息？举个例子，你是否心有余而力不足，因此需要卸下一些担子，或让他人多承担一些，或者两者都需要？你与某人的关系是否有点儿过火了，需要消除误会？是否有人因为无知无意中惹恼了你，如果你告诉他，他就会停止？你是否因为某件事而生自己的气，并把气撒在别人身上？在你和某人的相处中，是否感到被误解或不被尊重，所以现在是时候改变这段关系了？尽管这看起来很傻，但你可以在心里问问自己，愤怒想告诉你什么，你可能会对它传达的内容感到惊讶。

在争吵不休或令人沮丧的经历中，以这些方式调整自己可能会很有帮助。如果一段关系中存在反复出现的问题，或者这段关系总体上很有挑战性，那么你可以在冷静下来的时候花点儿时间考虑上述问题。如果他人贬低、否定或批评你的愤怒感受，试着找出他们这么做的原因——是出于善意（即使可能被误导），还是出于自身利益？

别让愤怒主宰一切

几年前，我对自己承诺，不在愤怒的情绪下说话或行动。我不知道会不会有人把我描述成一个爱生气的人，但这个承诺让我意识到，我的言行经常受到愤怒的影响和刺激，即使是通过翻白眼、语气、恼怒的叹息、批评的话语或专横的指示等，以及用缓和的方式表达出的愤怒。你可能会问自己，你多久会"发泄"一次怒火。在某些情况下，你可能会觉得愤怒是必要和适当的，比如为生活而奔命、面对种种不公，或者激励自己摆脱一段被虐待的关系。但总的来说，当你不因为愤怒而说话或行动时，你便可以真诚地对待自己。你可以感受它、倾听它、利用它的能量和专注力，不让它控制你。

根据情况的不同，你可以保持沉默、保持警惕，直到更合适的时机出现。你可以用坚定、自信，甚至激烈的语气说话；你可以说你对某事感到很生气，而不是把愤怒发泄到他人身上。如果你很生气，你可以在交谈过程中休息一下。你可以承认自己的愤怒,然后谈谈愤怒背后的原因,比如感到失望或被误解。

像我一样,你有可能发现这种承诺会让你在与他人的交往中保持更坚定的立场,你会更理智地谈论隐藏在愤怒之下的基本问题,他人不太可能因为你说话的方式,而转移对你所说的内容的注意力。想想那些被你视为榜样的人,他们有实力且富有成效,没有敌意也无恨意。想象一下,如果你也像他们一样,会是什么样子。

有句谚语说,愤怒的行为就像徒手扔热炭,双方都会被烫伤。在人类历史上,已有太多有关愤怒的伤害了,太多的人因怒火而"烧伤"。

诚实、支持、强烈的同情心、设定界限、直面不正当的行为、保护他人——这些本身都不是愤怒,也不需要愤怒。事实上,我们可以利用自尊的力量,以及不带愤怒的勇气,说出自己的心声。

第 28 章
诚实待人，公平竞争

和很多人一样，我有时会担忧，怎样才能让所有人都和平共处——无论是一对夫妇还是一个家庭，一个社区还是一个国家，或者整个世界。我想起了一句曾在学校听到的话："诚实待人，公平竞争。"

这是我们对自己孩子的要求，是我们在朋友、老板和邻居身上寻求的品质。如果你的孩子不懂事，试图在棋盘游戏中作弊，你会马上指出来，告诉他这是不对的。我们希望收银员不算错账，希望机械师诚实地告诉我们汽车需要何种修理。这是最基本的。这个原则看似抽象，但当你想到普遍的日常情景时（如对你微笑却在背后贬低你的同事，不忠的恋人，不承认你的贡献的老板），你就会发现它们与日常生活多么相关。

人们会有分歧，有时还会互相竞争。冲突是任何关系的正常组成部分。但是，无论是玩纸牌游戏、父母为分担家务而争吵，还是候选人试图赢得选举，我们都希望有一个公平的竞争环境——他人的权利我们也拥有，我们的规则也适用于他人。如果每个人都接受这些标准，胜利的感觉就会更美妙，因为这是你应得的。失败也许令人痛苦，但至少你知道自己没有被骗。

好的过程会导向好的结果。因此，如果出现了不好的结果——从操场上的欺凌到陷入困境的国家，找出导致这些结果的糟糕过程是有意义的。在各种类型的关系中，良好的过程必然包括诚实待人和公平竞争。虽然这个原则不是良好人际关系的保证，但随着时间的推移，撒谎和欺骗肯定会侵害所有类型的关系。

如何做

先从自己开始。你可能会很激动，争论不休，甚至言过其实，但你不会说谎。如果你弄错了某些事实，你会承认——至少最终会承认。你不会因为有人试图寻找真相而惩罚他们。你不说满怀恶意的话，不反击，也不挑拨离间。如果你认为他人做的一些事情很糟糕，你自己就尽量不要做。这并不意味着你要成为圣人，只是要求自己达到在任何学校课堂上都希望达到的基本标准。

但是，你又能拿那些不这么做的人怎么办呢？

看见真相

告诉自己所发生的真相。有些人并不真觉得有必要对你诚实或公平，这可能令人震惊（也很难相信）——尤其是如果他们在某些方面很讨人喜欢。观察一段时间，看看他们是故意不诚实，还是只是弄错了事实。他们是真的自恋，甚至反社会，还是因为心事重重或社交无能？他们是否只把你当作达成目标的工具，而非一个拥有自己权利的人？

普通的夸大、推销、咆哮、冷嘲热讽和咄咄逼人是一回事，但反复撒谎和欺骗是另一回事。全然不顾诚实待人和公平竞争是根本问题。意识到这种人的存在能令人恍然大悟，你可能无法改变世界上的任何事情，但至少在心里有坚实的立足点。

寻找盟友

我们都需要盟友。思考一下，你能依靠谁来了解正在发生的事情？这也许对你有所帮助。例如，在不同情况下，我会向朋友、家庭成员、同事、导师、律师和国家监管机构寻求帮助。

其他人也需要我们成为他们的盟友。

说出来

说谎和欺骗，不论以什么方式，都是一种"吃白食"（即一个人利用其他人）的行为。在人类历史上大部分时间里，人们以小群体的形式聚居在一起，或生活在村庄里，他们可以一同识别、羞辱和惩罚那些吃白食的人。"羞辱"和"惩罚"都是很强烈的字眼，如果不是这样，吃白食就不会有什么后果，原始人和人类祖先就无法进化出卓越的合作、慷慨和公正的能力。

你可以指出一个吃白食的人是不安全的，比如恶霸、骗子、惯性撒谎者，或性掠食者，然后尽你所能保护其他人。

如果你能做到，就对违背诚实待人和公平竞争的行为进行曝光，最好有与你合作的盟友。说谎者和骗子通常擅长用疯狂而夸张的反诉来分散他人的注意力。因此，我们需要专注于诚实和公正的基本价值观，而不是被细枝末节的问题所迷惑。回到简单有力的问题上，比如："你为什么一直撒谎？你为什么要通过欺骗来赢得胜利？你值得信赖吗？为什么其他人要听你的？"

第 29 章
拒绝欺凌

权力是大多数关系中固有的一个方面。在任何等级体系中，高位的人都比低位的人拥有更大的权力。有些人在其他人面前拥有适当的权威，比如教师在教室里管理学生。权力本身没有好坏之分，问题是，我们如何使用它？如果你拥有权力，就要负起相应的责任。你可以正确使用自己的权力，实现好的目标。

思考一下在你关系中的权力。谁占据支配地位，谁有最后的决定权？谁的地位更高？谁被认为更有见识、更聪明、更有能力，或者心理更健康？在一段重要关系中，你是否觉得自己应该在某些事情上更加自信？你的直觉是否在告诉你，你应该给对方腾出更多空间？这种探索非常有启发性。

人际关系有可能是混乱的，也许有人太专横，控制欲太强，太强势。这种关系并不好，但很常见……最终，受压迫另一方可能会反击。

关系中还存在滥用权力的问题，包括多种形式，如虐待弱势群体、身体或精神上的恐吓、刑事欺诈、结构性歧视和暴政等。我用一个简单而实在的词来概括上述所有情况：欺凌。

不幸的是，欺凌者很常见。在我们的家庭、校园、组织和政治中，欺凌者制造了巨大的痛苦。我们能做些什么呢？

如何做

识别欺凌者

欺凌者是：

- **专横的**——必须是领头人；他们寻找看起来比较弱的人作为目标；缺乏同情心。
- **防御的**——不承认错误；嘲笑他人；逃避责任。
- **欺骗的**——操纵不满情绪以获得支持，欺骗，隐瞒真相——因为他们的权力建立在谎言之上。

试着意识到你内心任何天真或单纯的想法，你不相信其他人或团体会做出这样的事。正如作家及活动家玛雅·安吉洛所说："当有人向你展示他们自己时，一开始就要相信他们。"

识别助力者

一些个人和组织会容忍甚至重视欺凌者，比如为正在伤害那些他们瞧不起的人的欺凌者欢呼喝彩。这种助力有不同形式，包括假装一切正常，或谎称"一个巴掌拍不响"。从操场到议会，具有"威权人格风格"的人（以支配为导向且惩罚严厉）对欺凌型领导者有好感，通常会成为他们支持者的中坚力量。

保护自己

有时你会身陷欺凌，至少在一段时间内。小心点，权衡你当前的选项,并做出对你及你关心的人最好的选择。

抱有同情心

在欺凌者的内心深处,就像有一座由软弱感和羞愧感构成的"地狱王国",这些感受被阻挡在意识之外,虎视眈眈,那里满是苦难。对欺凌者的同情不是认可,它可以让你感到平静和强大。

当然,欺凌者的欺凌对象也值得我们关注。即使你无法帮助他们,你对他们的同情仍然是真实的。这对你很重要,也许对他人来说也很重要,只是你可能永远不知道这份同情给他们带来了什么样的影响。

说出来

对自己说出真相,也对其他人说出真相。

并且,如果时机合适,把真相告诉欺凌者及其助力者。你可以这么表达:"你是一个欺凌者,你通过欺骗和撒谎获得了权力。你表现得很坚强,但实际上你很软弱、很恐惧。你也许能伤害我和其他人,但我不怕你。我知道真实的你是什么样子的。"

欺凌者知道他们行使权力时如履薄冰。试着指出他们的谎言、欺骗行为和弱点,指出他们所做出虚假之事,指出他们的不正当之处。

与他人团结一心

欺凌者以孤独的个体和弱势群体为欺凌目标,以显示其支配地位并制造恐惧——这被称为"表演性残酷"。所以,试着去寻找那些在你被欺凌时能和你站在一起的盟友。如果你被同事骚扰了(或更糟),你可以告诉朋友,获得他们的支持,然后和公司主管或人力资源部门沟通。你可以呼吁其他人也勇敢地面对欺凌,袖手旁观只会让欺凌愈演愈烈。

团结起来,我们可以与那些曾经或正被欺凌的人站在一起,维护他们的权益。这么做可能不会有实质性区别,但对于那些挺身而出的人(以及他们为之挺身而出的人)来说,这能在道德和心理上产生影响。

惩罚欺凌

我指的是正义的惩罚,而不是报复。即使没有具体的好处,欺凌行为本身就是对欺凌者的奖励。这就像拉动老虎机那根令人愉悦的拉杆,有时会带来头奖。如果你是欺凌者,为何不继续拉呢?

因此,欺凌者必须付出真正的代价,以欺凌者所关心的代价来衡量。对欺凌者来说,扼腕叹息和表达关切是无关紧要的,助力者也需要付出代价。否则,他们为何要停下?

由于欺凌很普遍,人们已经开发了各种各样的方法来进行惩罚。根据具体情况,你可以:

- 带着道德自信，说出欺凌的事实；
- 质疑欺凌虚假的合法性主张；
- 嘲笑欺凌者（他们通常脸皮很薄）；
- 与谎言对峙，包括否认欺凌造成的伤害；
- 积累权力资源，挑战欺凌者；
- 与助力者对峙，他们是欺凌者的同谋；
- 诉诸法律；
- 免除欺凌者的掌权地位。

顾全大局

欺凌行为是由潜在的条件促成和助长的。欺凌者有时会从他人的不满中汲取力量，当我们解决这些不满时，就可以减少欺凌者的权力。

欺凌者试图控制我们的注意力，就像他们试图控制其他一切一样。但在他们的控制之外还有一个更大的世界，这个世界包含许多有用、愉悦、美丽和高尚的东西。尽可能摆脱对无助的愤怒、对报复的幻想以及对那些"做得不够"的人的挑剔。这个世界上存在欺凌者已经够糟糕的了，试着不要让欺凌者入侵你的内心。

第五部分

言行明智

第 30 章
注意你的言辞

孩童时期，我们常常反复念叨："棍棒和石头可能打断我的骨头，但你的话语决不会伤害我。"事实并非如此。我们说的话以及说话的语气，会对他人造成真正的伤害。回想一下这些年来他人对你说过的话——尤其是带着愤怒、拒绝或蔑视说的，以及它们对你的影响。

言语会造成真实的伤害，因为大脑中的情绪疼痛网络与身体疼痛网络是重叠的。这种影响可能会持续存在，甚至持续一生，因为伤害性话语的"残渣"会进入情感记忆和大脑的内部世界。另外，它们可以永远改变一段关系。想想父母和孩子之间、兄弟姐妹之间、姻亲之间或朋友之间所说的话带来的连锁反应吧。

注意言辞并不意味着保持缄默，或者对特定的说话方式挑剔而死板。这只关乎于你是否体贴周到、技巧娴熟，以及牢记你的最高价值观和长期目标。明确的指导方针对此非常有帮助，这也是接下来要重点讨论的内容。

如何做

明智的言辞总是：

1. **善意的**——它出于善意,而非恶意。它是建设性的,而非破坏性的,并且试图提供帮助,而非伤害。
2. **真实的**——它与事实相符。你可能不会把所有真话说出来,但你说的话一定是真实的,不会夸大或断章取义。
3. **有益的**——它支持你及他人的幸福和福祉。
4. **及时的**——它在适当的时候被说出来,则有机会得到真正的倾听。
5. **不苛刻的**——它可以是坚定的、尖锐的或激烈的,它可以与虐待或不公对峙。愤怒可能会得到承认,但它不是控诉的、讨厌的、煽动性的、轻蔑的或不屑的。

以及,如果可能,它是:

6. **为人所需的**——如果他人不想听,你可以决定不说。但也会有其他情况,无论对方喜欢与否,你都选择说出来——如果你遵循上述指导方针,事情就更有可能进展顺利。

当然,当你认为舒服的时候,可以和他人随意交谈。而且,现实地说,在争论的最初时刻,有时人们会越界。

但在重要、棘手或微妙的互动中——或者一旦你意识到自己已经越界了,则应谨慎地、明智地交流了。这6条准则并不能确保对方会按照你想要的方式回应。但按照它们来做,能增加好结果出现的概率，而且在你心里，你知道你一直保持着对自己的控制，拥有好的出发点，以后也没有什么可内疚的。

当你考虑如何进行一场重要的谈话时，你可以回想一下以上的指导方针。然后，如果你是真诚的，心怀善意，并坚持所了解的真相，那么你将能做到明智地发言！如果情况变得激烈，试着记住，无论对方做什么，你如何说话是你自己的责任。如果你偏离了指导方针，就承认这一点，你也可以向他人坦承这一点，然后回到指导方针上。

随着时间的推移，以及通过练习，你会发现自己在无意识的情况下也能做到"明智发言"。你可能会对自己在上述指导方针的框架内进行有力、自信的沟通而感到惊讶。

并且，作为额外奖励，你可以通过自言自语的方式来练习明智发言，你认为如何？

第 31 章

说真话

当我们清楚而恰当地说真话时，我们会拥有良好的自我感觉良好。在他人可以信任的话语中，带着诚实和真诚。但是，如果我们说假话、扭曲他人所说的话，或表现出一副虚伪的模样，就会带来不同的结果，比如不必要的冲突、失去加深人际关系的机会，或是心里生出一种空虚、悲伤的感觉。

最重要的说真话的对象，就是你自己。许多人都不能真实地与自己对话：他们会夸大自己的缺点，淡化自己的优点。此外，如果你告诉自己某件事是真的，但在内心深处你知道那不是真的（比如在婚姻中"一切都很好"，其实双方的关系冷漠又疏离），你的生活便如履薄冰，在这个基础上创建美好生活是很难的。

真相就是基石。即使你期望真相并非如此，在这个充满了谎言、推销、虚假信息和纯粹废话的世界里，真相就是你可以依靠的东西。真相是你的避难所。

如何做

说真话并不意味着什么都说。你可以在谈话中开门见山，不要用超出孩子理解范围的话语来加重他们的负担，也不要在商务会议上随意吐露心声，我们不必透露太多不合适的秘密。

我在个人成长文化中度过了20多岁的阶段，在这种文化中，我们总是对每个人无话不谈——包括最深刻、最奇怪、最疯狂的事情。对于像我这样压抑的人来说，"打开软木塞"是有价值的。但过了一段时间，我明白了我能说什么并不意味着我应该说出来。有些想法和感受可能会对他人造成不必要的伤害，或容易被误解，或日后被用来对付你。一旦它从你嘴里说出来，或者发布到网络空间，就再也无法收回了。

诚信为本

这意味着你要保持真诚、诚实和真实。你的外在表现——语调、姿势、面部表情和遣词造句，应与你的内在体验保持一致。当我在学习如何敞开心扉时，这对我来说很难。我说的是实话，但听起来像是在读电话簿。如果你感到悲伤、受伤、焦虑或愤怒，当你说出来的时候，你能感受到吗？对你来说，有没有一种特别的情绪是尤为难以体验到的？或者一种特殊的愿望，比如渴望被包容或被欣赏？说话的时候放慢语速，让你的感受跟上你说话的节奏，在表达的时候尽量与你的感受保持联系。

你若不知道如何确切地描述自己的感受，这也没关系。有时候你很难找到合适的词语，或者根本就没有合适的词语。尽管如此，你的脸和身体可以传达很多信息。

随着时间的推移，你会发现你可以越来越多地展示自己。我们大多数人都有一些很难向他人展现的东西。在我的成长过程中，这就是匮乏感；对一些人来说，这可能是恐惧或软弱；对另一些人来说，这可能是愤怒。也许你身上发生了一些事，或者你自己做了一些事，你从来没有告诉过任何人。有些人觉得他们生活在谎言中，而谎言正在吞噬他们。有没有什么东西是你一直藏起来，现在让它重见天日是有好处的呢？你能有意找到与一位合适的人谈论它吗？即使是一位心理治疗师？当这个秘密最终被公开时，你会得到一种解脱感，以及一种更加完整的感觉。

遗漏了什么？

在任何关系中，问问自己："有什么重要的事情没有被提及？有什么被遗漏了？"这既适用于你，也适用于他人。想一想在恼怒之下的伤痛或焦虑，或者在一场看似愚蠢的争吵中，真正息息相关的是权利或需求。房间里是否有无人提及的大象①？也许有人有愤怒或酗酒的问题，或者只是抑郁。也许有些人的高强度工作（算上通勤和周末回复电子邮件，每周工作六七十小时甚至更长时间）把家庭生活挤到了边缘。我们的关系受限于那些我们无法谈论的事情。根据你的判断，你有权利把话题提出来。如果其他人一直试图改变话题，你可以强调这个事实是你自己想谈论的话题。

表达未传达的信息

基于关系的不同，说真话可能意味着向对方表达一些你没有传达出来的信息。这些都是你尚未说出口的相关且重要的事情，

---

① "房间里的大象"一般用于比喻某些显而易见，却被集体忽略的事实。——译者注

也许在当时是有正当理由的。一些未传达信息会逐渐消失，变得无关紧要；一些信息可能对你来说依旧很重要，但你仍然清楚，最好还是不说出来；剩下的那一堆信息（不管有多少），当你（有时包括对方）绕过它们时，都会成为关系中的负担和约束。

在后续章节中，我们将探索如何用巧妙的方式表达未说出口的话。在这里，我建议你花点儿时间，考虑一下你在重要关系中可能隐藏了什么。针对一个特定的人，你可以拿出一张纸，在上面写下诸如"未传达的信息"或"我没有告诉你的事情"之类的标题，然后写下你能想到的东西。记住，你不必告诉他们这一页纸上的任何东西，这是你自己的探索。作为提示，你可以想象反复将这个句子补充完整："我没有告诉你＿＿＿＿＿＿。"对你发现的一切敞开心扉。包括你感到的失望和愤怒，脆弱的有关亲密的欲望，欣赏和爱。当你倾听更深层的自己时，你会发现，你实际上已经说出了所有重要的事情——你可以享受这一点，并因此感到安心。针对几个人尝试这个练习，仅是把它们写在纸上，就能让人感到释放。然后，如果你愿意，你可以在合适的时候告诉对方。确定重要的未传达的信息，然后逐渐以适当的方式表达出来，这是我所知道的最有效的个人成长方法之一。

最后，接受这样一个事实：没有人是完美的沟通者。你总是会遗漏一些东西，这没关系。你必须给谈话留出喘息的空间，而非不断评判自己是否在说真话！沟通即修复。只要你说话时带着基本的真诚与善意，你的话语就会在你的所有关系中，编织和修补出一张真实的织锦。

第 32 章
真诚地表达

有一年圣诞节，我徒步进入美国大峡谷，谷底位于峡谷边缘下方 1.6 公里处。峡壁像蛋糕一样，层层叠叠，红色或灰色的条状岩层揭示了数百万年来科罗拉多河的侵蚀。想一想，水如此轻柔而温和，慢慢地在最坚硬的岩石上雕琢，展现了如此壮观的美景。有时候，看似最弱小的东西实际上具有最强大的力量。

同样，敞开心扉说话看似脆弱，却是最强有力的一种行动。简单而直接地说出真相，特别是你所经历的事实，无人能反驳——这具有巨大的道德力量。

我记得我有一个来访者，他的婚姻被太多未说出口的话压得喘不过气来。这些都是很正常的事情（比如希望妻子对孩子不要那么暴躁，多给他一些爱）但他担心，如果他说出了这一点，他们的婚姻就会结束。但不交谈才是真正破坏他们关系的原因，将导致伤害和怨恨越积越多。他俩就像分别待在两座独立的小冰山上，在冰冷的寂静中渐行渐远。最终，他们离婚了。

如果你正在处理一段关系中的问题，发自内心的倾诉是很有说服力的，通常也会让他人变得更加真诚坦率。如果没有问题，你与他们之间的对比本身就是一种强有力的陈述。

如何做

发自内心地倾诉可能会让人感到害怕。如果你刚刚开始习惯这种交流方式,可以选择一个话题、一个人,以及一个可能进展顺利的时机。

谈话之前

让自己怀有良好的意图,比如发现和表达真相,帮助自己及他人,然后对你想说的话有一个基本概念。专注于你的体验:你的思想、感受、身体的感觉、愿望,以及任何流经意识的东西。你很难与自己的体验争论,但很容易陷入对情境、事件、过往之事或问题解决方法的争论中。

试着找到内在的自信感。相信自己的真诚,相信真相本身。要认识到别人可能不喜欢你说的话,但你有权利说出来,且无须为其辩护。要知道,发自内心地倾诉的过程,通常对一段关系是有好处的,即使你所说的话对方很难听进去。

谈话之中

做一个深呼吸,并将这种感受融入身体,这有助于快速了解关心你的人。让你的喉咙、眼睛、胸部和心变得柔软。试着为对方感受到善意,甚至同情。回忆起你想说的话,再深呼吸一次,开始说话。

当你表达你的体验时,试着与它保持联结,尽量减少任何说服或解决问题的成分。不断回到对你来说最核心的问题上,不管它是什么（尤其是当对方反应迟钝或试图改变话题的时候）。当你说话的时候，允许心中的其他方面或更深层次的东西涌现。开始说话之前，你无须知道你将要说的每件事。

如果对方还没准备好听你说话，你可以随时退出，也许另寻时机会更好。此处的主要目的不是让对方改变——这可能发生，也可能不会发生，你只是以一种坦诚的方式表达你自己。如果合适，你也可以让对方说出他的心声。

事后，你会知道自己已经尽力了。说出自己的心声，这很勇敢，也很难（尤其是在刚开始的时候）。但在任何深度的人际关系中，这一点都非常重要。

第 33 章

学会提问

提问可以让你了解很多重要信息,并向他人表明你很专注。这会让他们觉得你很感兴趣,你很关心当前的话题,这对你很重要,他们也很重要。提问能让事情得以公开,让你和他人得以知晓。提问能让激烈的谈话慢下来,这样就不会失控。它给你时间思考,防止你妄下结论,避免你犯将来会后悔的错误。对方可能并不总是喜欢你的问题——也许你在澄清是他们出了问题,而不是你——但你有权利向他们提问。

从深层次上讲,提问为你开启了进入他人广阔而神秘的内在世界的大门。在这个世界里发生了什么?沸腾的激情,柔软的渴望,回忆和幻想,合鸣,层次和深度,所有这些都在旋转与涌动着。这个世界本身就很迷人。当我们越来越了解他人时,我们也能更好地了解自己。

如何做

作为一名心理治疗师,我以提问为生。而且,我已经结婚很久了,与妻子同甘共苦,还生养了两个孩子。借鉴一个医学界的说法:良策源于经验……而经验源于拙计。因此,我从自己的经历中总结了一些教训!

带着良好的意图

我们不需要像检察官一样提出问题。你可能会试图弄清事情的真相,比如你儿子这周六晚上要做什么,或者你在即将到来的商务会议中应该扮演什么角色。但是,尽量不要用问题让别人难堪。

保持温柔的语调

被提问——尤其是一系列问题——对于要回答问题的人来说,可能会有被侵犯、被批判或被控制的感觉。想一想,孩子在被责骂或受到其他惩罚之前,总是会被提问。你可以和对方确认一下,确保你的问题是被对方接受的。放慢提问的速度,这样问题就不会接踵而至。试着在谈话中穿插一些自我表露,或多或少地与对方所说的情感深度相匹配,这样就不会造成对方全盘托出,而你守口如瓶的局面。

保持兴趣

当你说话时,你能看出他人的注意力在转移,他们也会注意到你。试着在当下与他们待在一起,而不是把注意力转移到刚收到的短信,或你接下来打算说的话上。尝试保持"初学者心态""未知心态",在这种心态下,你保持着好奇、开放和耐心。你还想了解些什么?试着发现那些鲜活的、新鲜的、有活力的、有意义的、有用的或隐藏在谈话深处的东西。扬起眉毛,点头示意再多说几句,或者只是沉默一会儿,这些都是让对方继续说下去的信号。

继续提问

如果你感觉到对方的回答中仍有一些疑点，或者只是想要了解更多，你可以再问一次。也许用不同的方式，或者解释，但不要指责。令人吃惊的是，人们经常没有真正回答他们被问到的问题。你可以额外问一些问题，这些问题可以帮助你确定关键事实，或者揭示对方更深层次的想法、感受和意图。

探究以解决问题

关于事实或计划的问题通常很直接。对于另一个人内心世界中更隐晦、通常更情绪化的领域，有以下一些提问方式：

＿＿＿＿＿＿＿＿对你来说怎么样？你对＿＿＿＿＿＿＿＿有什么感觉？

你欣赏＿＿＿＿＿＿＿＿的哪些方面？你觉得进展顺利吗？有什么让人安心的事物吗？你喜欢关于＿＿＿＿＿＿＿＿的什么？

＿＿＿＿＿＿＿＿有什么让你烦恼（或担忧）的地方？是什么让你感到焦虑（或沮丧、悲伤、受伤、愤怒，等等）？除＿＿＿＿＿＿＿＿之外，你还有其他感受（或愿望）吗？

这让你想起了什么？此时，对你来说重要的背景信息（或过往经历）是什么（比如，我们两人之间过去的不愉快，在升职机会到来前再次被忽视)？

你希望发生的是什么？此时对你来说最重要的是什么？

你认为我怎么样？你喜欢我的什么？你，不喜欢我的哪些方面？你希望我说或做了什么？如果有一两件你认为我应该处理的重要事情，你认为是什么？

如果你得到了你想要的，那会是什么样子？如果你从我这里得到了你想要的，那会是什么样子？从现在开始，你希望是什么样子？

还有什么？你能多谈谈 ＿＿＿＿＿＿ 吗？

加深亲密的友谊

随着时间的推移，一段浪漫关系也许安好，但是有点儿单调、疏远，甚至乏味。让关系更有生机的一个好方法是，了解关于对方的新情况，下面有一些示例问题，（关于伴侣的情况，也许你已经知道了一些答案。）你不是要扮演治疗师的角色，你只是一个对对方感兴趣的朋友，你可以根据自己的感觉调节问题的深度。如果你愿意，你可以建议轮流问双方这些问题。当然，你还可以添加一些自己的问题！

你最早期的记忆是什么？

你年少时最喜欢的亲人是谁？你与他们做了什么？

儿时你睡着的时候会想象或思考些什么？最近呢？

年少时你真正喜欢做什么？有什么特别的回忆吗？最近，你最喜欢独自做什么？和我在一起的时候呢？

儿时你有喜欢的宠物吗？

你的初吻给了谁？你们后来进展如何？

离开家是什么感觉？你渴望离开吗？还是有其他感受？

你认为你生命中最大的转折点是什么？

你喜欢思考或想象什么？

如果你可以成为《指环王》（或其他著名小说）故事中的任何一个角色，你会选择哪一个？为什么？

如果你生活在2万年前的一个狩猎部落里，你倾向于担任什么角色？

如果你能让10亿人每天花5分钟做一件特别的事情，这件事是什么？

探索这些问题的一种方法是一起看你们童年时的照片，也许还有你们成年时的照片。当你看着照片中人们的面孔时，你可以想象他们的生活是什么样的，这可能能激发出更多好问题。

你可以与伴侣一起做一个练习，在这个练习中你可以反复问相同的问题，然后双方交换角色。可能的问题包括："你喜欢我的哪些方面？你想从我们的关系中得到什么？你要怎样才能信任我？在未来的日子里，你对自己有什么期望？"如果你是回答问题的人，说出你想到的东西，除非你认为这个回答非常伤人，或者会暴露一些你还没有准备好谈论的事情。注意你是否在编辑答案，看看是否可以更充分地表达自己。如果你在问问题，无论对方说什么都要接受，说谢谢，然后再问一遍。你可以让对方简单地澄清一些事情，然后不断重复这个问题。如果对方说了一些你想进一步了解的事情，只要在心里先记下来，可以稍后再讨论。这个过程很快就会变得非常深入。在某个时刻，也许围绕同一个问题进行了十几个回合之后，没有什么新东西可说了。至少现在，你觉得这个问题已经回答得很完整了，然后你可以转换角色或者尝试另一个问题。

综上所述，提问真的是可行的。通常，人们欢迎你向他们提问。你可以相信你的好意和善良。

第 34 章
表达对他人的欣赏

改善人际关系最有效且最简单的方法之一，就是告诉他人你欣赏他们。这不是奉承或操纵，这是你发自内心的欣赏，在你看来也是真实的。你可以用它来表达对他人的感谢、提供支持，或者表达尊重。他人能感激你的欣赏当然更好，但即使他人出于某种原因不予理睬，你也知道你是真诚的。

当人们实现了一个目标、表现出良好的品格，或者只是在艰苦境况下坚持不懈，希望得到他人赞赏这一点都是合情合理的。我们是社会性动物，需要被关注和重视。如果你在工作中或家庭中做得很好，但从来没有人提起这件事，一段时间之后，你通常会感到奇怪，甚至更糟。

想想几个你在乎的人，他们身上有哪些优良品质？他们是否正派可敬？他们有没有以任何方式帮助过你？如果让你给他们写推荐信，你会怎么写？然后问问你自己："在我所能表达欣赏的所有方式中，有哪些是我真正说过的？"你也许已经在你的关系中表达过许多欣赏之情——但是，如果真是这样，根据我的经验来看这是很罕见的。很多时候我们只是没有想到要去欣赏他人，可能这会让我们感觉有点儿尴尬，或者因为有更大的冲突而不愿去欣赏。我们太容易把他人的所作所为视为理所当然，或者陷入抱怨他人的情绪中。

回想一下某人真正感谢你、表扬你的工作、承认你的努力或谈论你内心深处的优秀品质的时刻。这对你来说可能很重要，它或许加强了你们之间的关系。当你告诉他人你欣赏他们的哪些方面时，你也会对他们产生同样有益的影响。

如何做

我们表达对他人的欣赏有两种方式：感恩与赞美。

选择一个你关心的人，想想你如何感谢他，比如他对你做的有益的事，与其他人一起支持你，或者仅仅是对你热情而友善。你可以为小事感恩，比如他在工作时帮你洗了咖啡杯；也可以为大事感恩，比如和他一起抚养孩子。留意，你对这个人心存感恩是什么感觉。

接下来，思考他什么地方是值得称赞的。你钦佩、尊敬或敬重他哪些品质？他的天赋和技能是什么？有什么积极的性格特征？内在力量？他取得了什么成就？他是如何应对困难的？他有趣、有创意、满怀深情吗？他关心别人吗？他在做帮助世界的事情吗？你喜欢他哪些方面？你珍视他身上什么珍贵的内在品质？找到这些问题的答案是什么感觉？

反思这段关系，有什么地方被忽视了吗？你觉得他真正想听的是什么？也许这个人是一个孩子，或者是一个真正仰慕你的人，那么什么会对他们产生重大影响？

然后问问自己，怎样才能更充分地表达你的感恩和赞美？

第 34 章 | 表达对他人的欣赏

想象一下你会说什么，怎么说，什么时候说。人们表达欣赏的方式不同，接受欣赏的方式也不同，这很正常。想象一下这会给你和对方以及你们的关系带来什么好处。

留意到你身上任何不情愿表达欣赏的部分。这可能与你家里人的说话方式不一致，或者与你的文化规范不一致。你可能觉得这样做会让你变得脆弱或依赖，或者让对方占上风，他会对你提出更多要求，或者你对他的合理抱怨将被抵消，让你没有立足点。又或者，这会鼓励对方越来越多地向你索取，他就好像是饥渴的吸血鬼，要把你吸干。试着从这些原因中后退一步，问问自己，它们是不是真的。例如，你可以意识到你从他人那里得到的价值，同时成为一个坚强和自力更生的人；你可以欣赏同事的好主意，同时督促他们按时上交工作；你可以称赞一个极度渴望赞美的人，同时在关系中设定界限。你可以认识到，满足他人并不需要耗尽自己。

现在，选择一段具有挑战性的关系，也许这段关系里充满了冲突。对于这个人，你是否对他有感恩之情？如果没有也没关系，但如果有，试着去识别它。想想他身上有什么值得你称赞的地方，即使他有一些严重的缺点。你会怎么跟他说呢？也许简单的事实陈述很难被反驳。那么，欣赏这个人能如何改善你们的关系呢？

当你在他人身上寻找你所看重的东西时，通常会让你对自己的世界感觉更好。这能把你为他人而感到困扰的事情置于更大的背景下，这样它们就不会那么令人沮丧，而且也更容易谈论了。

第 35 章
使用更温和的语气

有时,当我感到疲惫或恼怒时,会说出一些既没必要也没用的话。有时是言辞本身,比如"绝不""总是"等绝对化表达;或言过其实的短语,比如"真蠢"。更常出现的是我说话的语调,严厉的语气或表情,生硬的说话方式或装腔作势。

语言学家德博拉·坦嫩指出,大多数人际沟通都包含 3 大要素:

- 明确的内容——"冰箱里没有牛奶了。"
- 情绪潜台词——可能是中性的、积极的或消极的。
- 对关系本质的隐晦陈述——一个人是否可以批评其他人,或对其他人发号施令?他是胜人一筹、处于同一水平,还是低人一等?

第二个和第三个要素,也就是我所说的语气,通常对互动的结果影响最大,而且随着时间的推移,我们所使用的语气的累加分量会产生很大影响。充满反复的批评、高傲、失望、轻蔑或责备的语气真的会破坏一段关系。约翰和朱莉·戈特曼的研究表明,人们通常需要多次积极的互动才能弥补一次消极的互动。语气除了对人际关系的影响,还会对他人造成直接影响,不必要的消极语气会给他人带来不必要的痛苦。

关注自己的语气会让你更了解自己,也会让你更清楚自己的内心在酝酿着什么情绪,这样你就能更快、更直接地处理它。缓和语气能让你以一种更平静、更真诚的方式说话,别人就更不容易把注意力从你说的内容转移到你说的方式上,这样你就能更有力地要求他人也使用更温和的语气。

如何做

缓和语气,不意味着甜言蜜语或虚伪做作。事实上,当我们不再暴躁、粗鲁、嘲弄或争论时,我们通常会成为更加强大的沟通者。这样,当我们提出某个话题时,就会更加有理有据、坚定不移。我们无须把人际资本挥霍在出言不逊的短期满足上。

因此,试着注意你的语气,尤其是当你已经感到紧张、有压力、沮丧、疲惫或饥饿的时候。思考你曾拥有的一段特定关系,以及对方对你语气的敏感度。留意消极的语气,包括你以看似温和的方式表达出来的,比如翻白眼、恼怒的叹息或一丝奚落。

思考一下,生活中,你与某人在一起的真正目的。你严厉的语气和他沟通时能满足他的需要吗?你用什么样的语气对他更有利呢?你能在不带消极语气的情况下说出什么是重要的吗?你能以一种直截了当的方式处理所有伤害、愤怒或实际问题,而不是通过语气来发泄吗?

留心你的用词。夸夸其谈、指责控诉、吹毛求疵、侮辱冒犯、骂骂咧咧、威胁恐吓、归于病态（比如，"你有人格障碍"），以及恶意中伤（比如，"你简直和你爸一模一样"），就是火上浇油。尽量避免使用挑衅或煽动的语言，寻找准确、有建设性、自重的词语，直击问题的核心。

留心短信和邮件的遣词造句。一旦你按下"发送"按钮，就无法收回了，接收者可能会误解你的意思，并向他人传播。是的，这是老调重弹，但当我们面对面或通过电话与他人交谈时，肯定更容易消除任何误解。几年后，当你回头再看自己写过的一些电子邮件时，别让自己懊悔不已。

试着放松你的眼睛、喉咙和心，这样能自然而然地缓和你的语气。我有时会想象，我在与人互动的过程中被录了下来，这段录像可能会在我们孩子的婚礼或我的追悼会上播放。别多虑，你可能也会这么想象。你不必做到完美，但如果你观看自己的录像，你会希望看到什么？

如果你的语气变得很刺耳，那就尽快修正——可能是在你说完话之后的一分钟。有时候，解释（而不是证明或辩护）你用这种语气的潜在原因，将其放在背景环境下去理解，这是有用的。如，"我向你道歉，今天我又累又饿，过得很艰难。"为你的语气及其影响负责，并重新用一种更清晰、更简洁、更直接的方式表达自己。

第 36 章
别泼冷水

假设你灵光乍现,突发奇想,或者感到满腔热忱——也许是对工作中的项目有新想法,也许是想到这周六与伴侣一起去做什么。你的想法还没有完全成形,你还没有真正下定决心,但你很欣喜,正在进行尝试,看看是否合适。此时,如果他人以中立或积极的方式回应,即使他们提出了一些实际问题,你也会感受到被支持和鼓舞。但如果他们最初的反应主要是消极的,聚焦于问题、约束和风险(无论它们多么有理有据)你可能会自然而然地觉得至少有一点泄气、沮丧或受阻。值得反思的是,在你儿时或成年后,这种情况是如何发生在你身上的?

反之亦然。如果人们带着想法、热情或抱负来找你,而你一开始就持怀疑和反对的态度,这可能会让他们感觉不好,以后也不会愿意再向你敞开心扉。这种情况会发生在你的某段关系中吗?

泼冷水也可能发生在你自己的内心里。如果你给自己的希望和梦想上浇了一盆冷水,你自然就会活得小心谨慎。但你永远不会知道,如果你点燃了梦想之火,又会带来怎样的温暖和光明。你是否能支持自己,为自己而喝彩?或是你心中总是迅速冒出质疑、限制、成本分析以及不这样做的原因?

如何做

以下介绍的几点，既适合你回应他人的想法（甚至是轻率的想法），也适合你回应自身的灵感和热情。此外，如果有人给你泼冷水，你也可以让他思考这几点。

留意当你或他人对某件事感到兴奋时，你是否会反射性地退缩、否定或令人扫兴。留意你是否有任何个人过往经历，关于你的父母或其他人进入情绪高涨，或有些夸张的状态后，导致后续陷入麻烦，以及这些经历如何塑造了你对完全不同的人和情境的反应。

我们都希望朋友、同事或伙伴能支持我们的某个具体想法、计划或梦想。但是，更广泛地说，在一段重要关系中，你会很自然想要感受到对方总体上是支持你的，你希望你的"共同狂热者"是一个有灵感、有激情、对各种可能性持开放态度的人，而不是一个一开始就指出你想法的错误的人；他是一个首先表明其正确之处的人，不是一个你必须拖着他走，或像"漏气气球"的人，需要你不断给他打气。有没有人希望你成为他的"共同狂热者"？你是否可以做一些简单的事情，为你们的关系带来更多的热情和支持？

记住，你仍然可以拒绝。有人提出了一些新的建议，并不意味着你一定要去做。在你做出回应之前，让想法慢慢成形，同时保持安静是可以的。即使你内心深处认为这个新想法是疯狂的、灾难性的，甚至更糟——你可能什么都不用说，它便会自行崩溃。

当你与自己或他人交流时，试着从这些想法中真实或有用的部分开始。只讨论这些主题可能没问题，然后看看对方怎么说。如果你确实有顾虑，如果这些顾虑既及时又有用，那么表达出来通常是最好的。（如果你有令人信服的理由，比如确保某人的安全，请忽略这条建议。）你的担忧应与当前的问题相关，例如，如果一个想法的实现成本是几百美元，那么当前的问题就不应包括老年贫困。

看看你的家人和朋友，看看你自己。你渴望开始什么样的"表演"——心中的渴望、伟大的梦想、延期的承诺、有可能实现的疯狂想法？

今天，明天，你能做些什么来为梦想开辟新路？

第 37 章
满足对方的愿望

人际关系建立在人际互动的基础之上，而人际互动建立在来回往复之上，如网球中的截击。人际互动中的转折点在于一方将其想要的东西送过"网"时——我们想要的东西包括愿望、需要、欲望、希望和渴望。它可能是简单而具体的，比如"请把盐递给我"，也可能是复杂而无形的："请像恋人一样爱我。"一些人能清楚地表达他们的愿望，但许多人做不到。一个愿望越重要，就越有可能慢慢地被表露出来，或者以令人分心或令人困惑的附加内容和情绪化的方式被表达出来。

思考你拥有的一段重要的关系。你是否清楚地表达了你的愿望？当对方真诚地努力给你想要的东西时，你有什么感觉？

当我反思这两个问题时，我意识到，提出我想要什么并不总是那么容易，尤其当让我感到脆弱时。因此，当他人用含糊、谨慎或委婉的方式表达他们的愿望时，我们应该宽容一些。其次，这让我意识到，如果他人的愿望是合理且可能实现的，我就应该尽量满足他们。出于仁慈，这样做也是一种善良和关心。出于自身利益考虑，这也是解决他人抱怨的好方法——表现得友善，让自己处于更有利的地位去要求你想要的东西。

我的意思并不是给予会伤害对方、你或其他人。如果他们用粗鲁、苛刻或威胁的方式说出自己想要什么，那么他们的愿望可能不会得到满足，除非他们改变语气。当然，你可以自由地决定对方的愿望是否合理，以及你将如何回应。

如何做

在所有关系中，你可能已经给了对方很多他想要的东西。紧张和问题，出现在对方想要但他认为还没有得到的东西上。思考一段重要的关系，问问自己："他还想从我这里得到什么？"任何愿望或要求没有被听到，任何渴望没有得到满足，都意味着他没有得到他想要的东西。任何让他失望的事情，任何持续的摩擦来源，从他的角度来看，这里也包括未被满足的愿望。

对很多人来说，表达自己最重要的愿望既可怕又困难。因此，试着从表面的混乱中找出对方真正优先考虑的事情，看看他们更柔软、更深层、更幼弱的渴望是什么？

一旦你知道了对方想要什么，看看你能做什么，并决定怎么做。你的需求也很重要，你不能在未满足自己的情况下不停地给予他人。如果你在成长过程中所处的家庭或文化环境告诉你应该不断地给予，你要明白这并不是让你过度给予或耗尽自己的精力，这一点尤为重要。如同网球中的"最佳击球位置"，我们只能在最大且合理的范围内为他人付出。

大多数人想要的都是简单直接的东西，比如：

- ◎ 我希望在工作上有更多机会。
- ◎ 请把马桶盖放下。
- ◎ 每天问我一些关于我的问题,并注意我的回答。
- ◎ 对我好一点儿。
- ◎ 即使我们已有了孩子,也请继续好好爱我。
- ◎ 请把你借的铲子还给我。
- ◎ 请完成你分担的那部分家务。
- ◎ 和其他人一起支持我。
- ◎ 请对我的感受感兴趣。
- ◎ 告诉我你欣赏或喜欢我的地方。

在很多情况下,满足他人心中所愿并不难办到,重要的是你是否想这么做。

意识到满足他人心中所愿并不意味着屈服于他们,这对我个人而言是一个巨大的突破。更确切地说,这是一种类似有三重奖励的合气道动作:挖掘出我对他人的关心;把我从冲突中拉出来;让我处于最有利的位置来要求我想要的东西。

你可以选择一些合理的、还没有做的事情,然后给对方一小时或一个星期去完成,什么都不用说,看看会发生什么。然后,选择你可以给出的其他东西,看看会发生什么。你可以在心中或纸上列出这段关系中存在的问题,然后按你的方式来解决。如果感觉合适,就和对方谈谈你在做什么。当你愿意的时候,可以谈谈你自己的愿望(第 43 章,"说出你心中所愿")。

你可以对多个人依次尝试这个方法。

这种做法似乎像一个很高的标准，但实际上，当你做出改变时，就像有风助推你走下坡路一样。你仍然在照顾自身需求，不让他人摆布你。你尽己所能交付（合理的）"货物"，从而远离棘手的争吵。

想一想，与那些既能照顾好自己，又会尽可能满足你愿望的人在一起是什么感觉。当你也这么做的时候，这就是其他人和你在一起的感觉。

第 38 章
只为自己那部分原因负责

在任何有困难的情境或关系中,关注他人所做的事情出了问题是很自然的。也许这么做在一段时间内有用,因为这突出了你关心的事物。同时也有代价:盯着他人的劣行不放,只会让人有压力。此外,这也让你更难看到他人的优秀品质,以及你自己在这件事上可能扮演的角色。

例如,假设和一个对你很不公平又爱批评你的人共事。同时,此人在其他领域也可能做了很多善事。这其中可能涉及其他因素,比如喜欢说闲话的同事;甚至还有你自己的因素,也许是无意的。

需要明确的是,有时我们对所发生的事情真的没有责任,比如在绿灯时过马路被酒驾的司机撞倒。在某些情境下,你在事件中扮演的角色可能很小,永远不要为他人的伤害性行为辩护。知道你可以辨别,如果需要的话,坚信自己没有责任,可以让你认清事实。

通常来说,我们对自己的影响大于对他人的影响。我从来无法平静地面对任何困扰我的事情,直到我为属于自己的那部分原因负责。仔细想想,有时我自己什么责任也没有!但是,愿意看到自己在其中扮演的角色,可以让你对自己真诚的努力和善良充满信心，了解自己的这一点正是内心平静的真正来源。

如何做

在某个情境下，正视自己的责任可能很具有挑战性，因此你可以从为自己提供资源开始：回忆被他人关心的感受；直视自己的一些优秀品质；提醒自己，看到你的行为给自己和他人带来的好处。

接下来，选择涉及另一个人的具有挑战性的情境或关系……花点儿时间思考一下：

◎ 这个人虐待你的方式，受害者也许还有很多。
◎ 这个人可能给你和他人带来益处的方式。
◎ 他人、社会和历史的影响。

然后思考你在这件事中扮演的角色，无论是什么。要做到这一点，可以把你的行动——想法、言语或行为分为我们在第11章中探讨过的3类：

◎ **无辜**——你只是因为事件发生时在场；你没有做错任何事；为你没做过的事而被指责；因为性别、年龄、种族、外貌或其他歧视而成为被攻击目标。
◎ **提高人际技能的机会**——意识到某个特定的词对他人来说是一种可被理解的冒犯；意识到你对某件事反应过

度；决定成为更尽责的父母，或给予伴侣更多关注。
- ◎ 道德错误——我们违背了自己内心深处的正直准则，应该在合理的范畴内好好忏悔。我们都犯过道德错误，比如不公平、贬低他人、怨恨、撒谎、轻视他人、滥用权力、鲁莽，冷暴力。

提高人际技能的机会和道德错误之间的区别非常重要，这既适用于你自己，也适用于与你有矛盾的人。我们常常会错失提高人际技能的机会，因为我们认为这意味着承认自己有道德错误。有时人们会指责他人的道德错误，实际上这是一个技能纠正的问题，通常会使对方更不愿意被纠正。当然，对一个人来说是技能提升的，对另一个人来说则可能是道德错误，这必须由自己决定。

当你为自身的部分负责时，要对自己有同情心。记住，围绕在这部分责任周围的，是你的各种优秀品质——看到你自己的那部分责任是内在善良的另一种表现。了解这些事情，让它们沉入心底。

当你看到自己那部分责任时，让悲伤或懊悔流过你的身体。任其出现，任其消散。不要沦陷在内疚感中，这会削弱你对自身影响的认识和行动。记住，识别出自己那部分责任并不会淡化他人的影响。认识到，面对自己的责任，有时可以帮助其他人面对属于他们的那部分责任。

渐渐地，试着找到属于你自己的获得平静的方式。当你清晰地、全身心地看到自己的责任时，就不会抗拒任何事情。没有人能告诉你，有关你自己都没有意识到你在其中扮演的角色。你会获得一种解脱感，一种柔软和开放的感觉，涌动着对自身良善的感受。

然后，温柔地看看你心中是否会出现明智且有帮助的想法，也许是与他人交流，或关于未来的解决方案，或做出补偿。放慢脚步，你可以信任自己，知道该做什么。

当你意识到看到自己责任的益处时，真正地接受这种感受，这是你应得的！在艰难情境下，承认自己所承担的责任，是一个人能做的最困难的事情之一，我认为这也是最光荣的事情。

第 39 章
承认错误，继续前行

回想一下他人对你不公、让你失望、语气严厉、犯错误、弄错事实，或者对你产生消极影响的场景，即使这并非对方的本意。（这就是我所说的，广义上的"错误"。）如果这个人拒绝承认错误，你可能会感到失落、沮丧，未来不再相信他。未得到承认的错误会拖垮你们的关系。另一方面，如果这个人承认了他的错误，这可能会让你对他感到更安全、更温暖——也更愿意向他承认你自己的错误。

有一次，我和已经成年的儿子出去吃饭，他有些激动地要求我谈论在他的成长过程中，我对他的一些看法。作为回应，我结结巴巴地说了几句就转移了话题，但随后我不得不承认他所说的是事实（感谢他说这些话的勇气），并且告诉他，我不会再这么做了。当我说这话时，他感觉好多了，我也感觉好多了。然后，我们就可以去吃好吃的了，比如寿司！

如何做

记住，承认错误并继续前行，对你自己是最有利的。承认错误也许看似软弱，看似你在宽恕他人的过错，但事实上，只有强大的人才会勇于承认错误，这会让你在他人面前处于更有利的地位。

在内心,从这段关系的其他方面理清你的错误。尽量不要把错误弄得比实际情况更严重,具体说明错误是什么,你才是这个过错的最终裁判。试着不要陷入内疚感或自我批评中,给予自己同情和尊重,就像我们在第一部分中探讨的那样。

明确地向对方承认错误,要简单而直接。你可以描述一下当时的情景——也许你因为其他事情而感到疲惫或心烦,但尽量避免为自己辩解或找借口。有时,尤其是在紧张的情况下,最好直接承认自己的错误,不要做任何解释。

试着对你的错误给他人带来的后果抱有同理心和同情心。你可以提醒自己,为什么这么做对你有好处。花一段合理的时间,来谈论有关这个错误的话题,但你不必让他人重复因为你已经承认的事情而打击你。

如果这个错误与他人相关,告诉对方如何在未来帮助你避免犯这个错误,这可能很有用。例如,如果在工作会议上没人打断你,你可能更容易用不带恼怒的语气说话。如果你的伴侣分担了更多家务并照顾孩子,在漫长的一天结束时,你可能会对孩子们的争吵更有耐心。你可以参考以下句式:"真的,我不想再做 X 了,我为此负责。我没有因为 X 责怪你。而且,事实上,如果你做了 Y 才会对我有帮助,这是我的请求。"在这一点上要小心,不要陷入"他们怎么总是做 Y、这真的很糟糕、他们真的很糟糕"等愤怒的反控里。你提出了一个简单的请求——可能是一个明显合理的请求,他们要么做 Y,要么不做。

你只需要睁大眼睛，看看他们如何做。同时，尽量避免做 X。

对自己和对他人做出承诺，不再犯这样的错误。如果你真的不小心犯了错，承认它，并重新承诺在未来避免犯同样的错误。承诺可以确保你不是只做出一个姿态让他人别再责备你，在安抚他人的同时，这也能带给你自尊。

当感觉合适的时候，就不要再讨论你的错误了，该向前看了。转向更积极的话题，与他人相处的更有效的方式，继续让自己感觉更轻松、更清明。

第 40 章
放弃对他人的"控诉"

几年前，我陷入了针对某人的"控诉"中，其中混杂了对他的批评、对那些不支持我的人的愤怒，以及隐藏在这一切之下的受伤感。这并不是说我没有受到不公平对待——我确实受到了不公平对待。问题是，我的"控诉"偏向我自己的主观观点，充满了愤怒，充满了"我""我""我"。每当我想起这件事，我就激动不安。那种感觉糟透了！我的控诉，令我与那些支持我但不愿被卷入的人产生了矛盾。我所有关于这件事的反思，都将我的注意力和精力从更加快乐和更加富有成效的事情上吸走了。

在一段艰难的关系中，一方或双方经常对另一方出示一份详细的"索赔清单"，这很正常。尽管如此，认识到你能清楚地认清对方的本质；认识到对方对你或其他人的伤害；认识到你对自己有同情心，支持自己，并采取适当的行动……这是非常有用的，而不是被对他人的愤怒、理直气壮的"控诉"而劫持。

如何做

选择一段具有挑战性的关系，看看你是否想要"起诉"对方，这可能与不满、怨恨或冲突有关。后退一步，自己总结一下。思考你的生活经历以何种方式强化或塑造了这场"官司",包括可以追溯到童年时期的先前的关系。例如,作为一个安静而害羞的孩子,我对那些在学校里领导小团体排斥我的"坏小孩"很生气。即使在今天,那些往日的感受也会激起我当被孤立时的强烈反应。

接下来,思考下列问题:

- 对你来说,打这场"官司"的"收益"是什么?例如,也许你对他人的批评能帮助你避免对这段关系中发生的事情感到真正的悲伤。
- 你(或其他人)为卷入这场"官司"付出了什么代价?也许它扰乱了你的睡眠,让你们共同的朋友陷入了尴尬的境地。
- 这场"官司"的收益值得你付出这些代价吗?
- 现在,当你反思这一切时,你能为自己感到同情吗?

向前一步,观察各种"官司"如何在你心中出现,并试图牵绊你。你可以在你的身体里感受它们,比如你的脸上出现紧张和恼怒的表情,腹部有一种收紧的感觉,还有一种整体变得激动的感觉。然后看看你能否打断这些"立案"过程,把注意力集中在内心潜在的温柔感受上,对它们抱有同情之心。如果你的思维开始回到关于这场"官司"的语言活动,就把注意力转移到你的潜在感受和身体的感觉上。

第 40 章 放弃对他人的"控诉"

让有关这场"官司"的情绪冲刷你的全身,再慢慢释放,最后消失。清楚地观察整个过程,就像站在高高的山顶上俯视一样。感受自己的真诚,自己的善良。放下这场"官司",放手吧,就像扔掉一个重物。

这是何等的解脱啊!

第 41 章

被不公正对待时，顾全大局

当一个人对你好时，你就很容易对他好。真正的考验在于当别人对你不好时，你想要反击是很自然的，这可能会让你感觉很好——在一小段时间内；但对方可能也会反应过度，这样你们就陷入了恶性循环，甚至其他人也可能会卷入搅浑水。当你出于不安而行动时，你看起来状态不会太好，而其他人则会记住此时的你。这会让你以合理的方式解决问题变得更加困难。当你冷静下来的时候，你的内心可能感觉很糟糕。

接下来，让我们一同探索，如何在不做出过度激烈行为（可能会给你和他人带来不良后果）的情况下，维护自己的权益。

如何做

以下建议，既可以供你在一时冲动之下参考，也可以应用在充满挑战性的关系中。

集中精神

这一步只需几次呼吸的时间，如果你愿意，也可以花费几分钟。以下是对心理急救的简要总结：

- ◎ 暂停——你很少会因为没有说或没有做而惹上麻烦。当我给伴侣们做咨询时,我所做的大部分工作是让他们放慢脚步,防止情绪失控的连锁反应。
- ◎ 对自己有同情心——你要有一种这样的感觉:"噢,好痛!我感到温暖,并且关心我自身的痛苦。"
- ◎ 站在自己这边——这是一种支持自己,而非对抗他人的立场。你是自己的盟友,为自己而坚强。

澄清意义

对方可能违反了你的哪些重要价值观或原则?例如,在0~10的糟糕程度量表上(轻蔑的神色是1,核战争是10),对方做过或正在做的事情有多糟糕?你给事件赋予了什么意义?它们是否准确且与所发生的事情程度相符?事件本身没有意义,它们对我们的意义就是我们赋予它们的意义。如果已发生的事情在糟糕程度上只有3分,为什么你对此的反应在0~10分的不安程度量表上相当于5分(或9分)?

顾全大局

花点儿时间把注意力集中在整个身体上……整个房间……将目光移至地平线或其上……想象大地和天空从你所处的地方延伸开来……留意这种更广阔的整体感如何让人平静和明晰。然后把对方的所作所为,置于你生活的大框架中。他们的行为可能只是整体的一小部分。同样,将你漫长的一生置于这个框架之中，在这里，所有已发生的事可能只是其中的一小部分。

除了所受的委屈，你的生活里的美好，你能想起哪些？试着去感受形形色色真正美好的事物，并与那些糟糕的事情做比较。

获得支持

当我们受到不公正对待时，我们需要别人来"作证"，即使他们不能改变任何事情。试着去寻找那些能以平衡的方式支持你的人，既不夸大也不淡化已经发生的事情。从朋友、治疗师、律师，甚至警察那里寻求好的建议。

具备洞察力

在接下来的几章中，我将就如何谈论困难的问题、解决冲突，以及在必要时将关系缩小至对你安全的范围给出具体建议。此时，我关注的是大局。

遵从直觉，听从内心。在这段关系中，你有什么指导原则吗？你能否发现任何在你自身可控范围内的可采取的关键步骤？你的首要任务是什么，比如保护自己和他人的安全？如果你给自己写一封包含良好指导的简短信笺，你可能会写些什么？

要认识到有些错误永远无法纠正。这并不意味着淡化错误或原谅不良行为，这就是现实，你对此无能为力。在这种情况下，看看你能否感受到无法修复的伤害所带来的哀伤，并对自己抱有同情。

选择更积极的方式

当你被冤枉时（这一点尤其重要，尽管真的很难！），承诺践行单方美德，正如我们在第24章中探讨的。知道你自己该做什么和不该做什么。面对特定的情况和人，提醒自己记住特定"指令"是有帮助的，比如：保持专注，不要被他人的指责带跑。保持呼吸。保持分寸，切中要害。不必觉得我需要"证明"自己或为自己辩解。同时，调整到平静和集中的感觉。

如果你要再次和这个人互动，想想你在特定的情境下会做出何种行动，比如家庭聚会、工作表现评估，或者当你和现任伴侣在一起时偶遇前任。你可以在心里"排练"对他们可能出现的行为的熟练反应。这可能看似有些夸张，但在心中做这些练习能帮助你在情况紧张时自如应对。

尽量远离争吵。和别人一起努力解决问题是一回事，但陷入反复的争论和口角是另一回事。争吵就像硫酸，会腐蚀关系。我在25岁时谈过一段认真的恋爱，但我和恋人经常吵架，最终烧焦了我心灵的土地，无法培育出步入婚姻所需的爱意。

如果对方开始变得暴躁——如说话大声，具挑衅性，威胁你，抨击你，那么你可以有意后退一步，做几个长长的深呼吸，并继续在内心寻找平静的力量。对方越失控，你就越能自我控制。

很多时候，你会意识到你根本不需要抵抗对方，你可以把对方的话当作一股清风,任其飘过。你不必争辩,你的沉默不等于同意,也不意味着对方赢了——即使他赢了,一周或一年之后,输赢还有那么重要吗?

如果你发现你正试图阐明你的观点,坚持你是对的而他们是错的。你不断加速,火力全开……那么,试着在内心敲响一个小小的警钟,提醒自己已经反应过度了,再做一个深呼吸,重整旗鼓。然后,你可以用一种不那么咄咄逼人的冷静的方式说出你的想法。少说话,多交流。你也可以暂停一下,至少一小会儿。我确实倾向于把我的观点强调清楚,然后我会试着记起我从一个朋友那里听说的缩略词,"WAIT"(Why Am I Talking):我为什么在说话?或者"WAIST"(Why Am I Still Talking):为什么我还在说话?!

你可以向对方承认你们发生了争吵,然后说这不是你真正想做的。如果对方试图继续战斗,你可以停止。争吵需要两个人,而停止争吵只需要一个人。

如果需要,暂时停止和冤枉你的人交往,或者永远不再和他来往。离开房间,挂断电话,停止发短信。知道你的界限在哪里,如果有人越界了,你知道自己该怎么做——具体怎么做。

保持平静

从现实角度来说,他人的所做所为有时可能没有那么好,很多人会让我们失望:他们的脑袋里有无数的事情在打转,生活很艰难;他们的童年有很多问题,他们的道德观很模糊,他们的想法很阴暗,他们的心很冰冷;或者他们确实以自我为中心,真的很刻薄。这就是真实的世界,它永远不可能完美。

与此同时,我们需要在自己的内心中找到平静,它不存在于外部世界。这种平静需要你睁大眼睛,敞开心扉,尽己所能,然后,顺其自然。

第 42 章

退一步，找到更合适的沟通方式

我在工作中见过很多人际关系有问题的人，他们的具体情况各不相同，但在现象背后，通常存在一个基本问题：这些人无法有效地谈论自己的问题。沟通中，他们的声调会提高，语气变得激烈，一方不断偏离当前话题，另一方突然发脾气并破坏谈话，他们威胁对方，他们闷闷不乐地坐着，沉默不语。在极端情况下，他们会大喊大叫，孩子惊恐地看着，他们用恶毒的话语攻击对方，有时还会报警。

好的过程会带来好的结果，糟糕的结果源自糟糕的过程。如果我们的人际关系导致了不好的结果，说明我们的人际互动需要改进。

当你和他人讨论沟通上的问题时，你的注意力会从当前的具体问题上转移，这些问题可能会使气氛变得紧张，甚至爆发争论。你可以退后一步，远观这段关系，从而让自己平静下来。然后你可以讨论如何以更尊重和有效的方式与对方交谈。

如何做

找到共同目标和准则

即使关系中的那个人一直在偏离轨道，你也可以试着把这种表现当作"我们"的问题及机会来处理,而不是"我纠正你"。明确"交通规则"适用于你们两个人,提及你们的共同目标。比如,即使离婚了也要共同抚养孩子;在工作中开展富有成效的会议;或者拥有和谐的友谊,彼此都感到被倾听和被尊重。强调你渴望理解对方,会尽你所能满足他的需求。比如:"我确实想知道我做了什么让你这么为难,你可以不对我大吼大叫来让我明白这一点。"或者:"像你一样,我希望确保这个问题不再被遗漏,所以我们能确定这次的问题是什么导致的吗?"

降低热度

如果你需要和他讨论沟通模式,也许情况已经被掌控,人们充满防御,所以最好以不增加紧张感的方式来引入这个话题。关注未来而不是批评过去,会有所帮助。例如,你可以说:"今后,当人们在工作中提出建议时,我们能否在讨论这些潜在问题之前,先谈谈我们对他们想法的赞同之处?"

在某些情况下,你可能需要坚持己见,例如,"如果你一直这样和我说话,我就挂电话了"。但是,一般来说,请求比要求更容易被对方听到,例如,"我不想控制你的说话方式,我只是想要问问——这是请求,不是命令——为了我们的孩子,我们能否以另一种方式交谈"。

在不责怪他人的情况下,你可以提及自己的需求或喜好,例如,"我有一个专横又聒噪的继父,所以当你变得严肃时,会让我很难接受你说的话"。你也可以根据文化差异来提出请求——没有好坏之分，只是有所不同而已，例如，"在你的家庭里，家人之间友好而喧闹，互相交谈，这很好。但是，在我的成长过程中，家庭风格有所不同，我家人之间的相处氛围会更紧张一些，我们会轮流发言。如果我们只是在找乐子，我喜欢你的风格。另一方面，当我们在谈论一些重要的事情时——我只是从我自己背景经历的角度出发，如果你能在插话之前听我说完，我将感激不尽"。

顺便说一下，上述例子源自我自己的说话方式，基于我在加利福尼亚成长并成为一名治疗师的经历，你可以根据自己的风格和所处境况来进行调整。上述这些话看似如履薄冰，但我已经（痛苦地）领会了，当你讨论沟通模式时要格外小心，以避免额外的冲突。

提出小建议

在与人交谈或开会的过程中，你可以提出一些小建议，让进程回到正轨。例如，你可以问："对不起，我有点儿迷糊了。我们的讨论主题是什么？"你可以说："我觉得我们现在的气氛有点紧张，我自己有点儿紧张，所以我希望我们能缓和一点。"或者，你可以非常直接地说："拜托，我不会打断你说话，如果你也不打断我，我就会很感激。"或者"如果我让你感到不舒服，你能否和我私下谈谈，而不是告诉别人？"

如果上述这些即时评论已足够解决问题了，那很棒。如果还不够，你可以特别关注你和对方是如何互动的。如果你们的沟通相对友好且非正式，你可以这样说："我注意到，当我们讨论

X时，我们有点儿东拉西扯，并没有真正解决问题。我知道我对此要负大部分责任。我们能否谈谈，怎样能让我们得出结论？"另一方面，如果沟通中出现了严重的、爆炸性的冲突，你可以这样说："我想与你和治疗师（或经理）见面，讨论一下我们如何沟通，并为未来制定一些基本规则。你什么时间方便？"或者你可以说："因为你很生气，很有威胁性，所以我不想再和你当面谈了。我只会通过短信和电子邮件和你进行书面交流。如果你发给我任何侮辱性话语，我都会转交给我的律师。"

你不需要任何人的允许就可以讨论沟通模式，你不需要经他人同意来给自己划定界限，你也不需要竭尽全力去避免他人认为你在批评他们。如果对方试图改变话题，你可以把话题拉回你们彼此说话的方式上。

该做的与不该做的

不管是非正式的还是正式的沟通，具体而明确地表达你想如何与对方交谈（适用于你们俩）都会有所帮助。以下是一些建议：

该做

- ◎ 练习"明智言辞"，说一些善意、真实、有益、及时、不苛刻，以及（如果可能）为对方所需的话。
- ◎ 从与对方的感受共情开始。
- ◎ 先说你喜欢或同意的，再说你不喜欢或不同意的。
- ◎ 下班回家后，在开始解决问题前，花点儿时间与伴侣重新建立心灵上的联结。

- 在合适的时候，使用心理学家马歇尔·卢森堡提出的"非暴力沟通"的简化形式：当 X 发生时（具体客观地陈述，而非"当你表现得像个混蛋的时候"），我感到 Y（情绪，而非"我觉得你是个白痴"），因为我需要 Z（深层需求，如安全、受尊重、情感上与他人亲近，而非颐指气使）。
- 轮流讨论双方的话题，给彼此大致相同的时间说话。
- 保持专注。
- 询问对方现在是否适合交谈。
- 想想你对来自不同背景的人的影响，即使是无意的。
- 如果情况变得太激烈，就休息一下。商定什么时候再继续沟通，而不是逃避。

不该做

- 和同事、朋友、孩子或家人说对方闲话或诋毁对方。
- 撒谎、哄骗、误导或欺骗。
- 大喊、尖叫、砸墙、扔东西。
- 互相咒骂。
- 骂人，侮辱对方。
- 表现出居高临下、高人一等或轻蔑的态度。
- 全速切入一个微妙的话题。
- 在饿了、累了或喝醉的时候争吵。
- 抛出细枝末节的问题，尤其是有煽动性的问题。

- 回避或拒绝谈论某些话题。
- 采取防御或反击的方式来避免处理某些事情。
- 永远、永远不要使用暴力或威胁。

你可以写下自己的"该做的与不该做的"清单，然后把它贴在冰箱上，或者把它作为你建议的基本规则寄给某人，以指导你们将来如何交谈。还有一种延伸方式是，你可以找一本你们都喜欢的书，并将其作为你们关系的指导手册。市面上有很多优秀的指南书，其中我最喜欢的一本是沟通专家奥伦·杰·索弗写的《正念沟通》（*Say What You Mean*）。

如果你偏离了指导方针，承认这一点，并回到"界限之内"。如果对方偏离了，重要的是你应指出这一点，并要求他回到正轨；否则，对方就会认为越界是可行的。如果有人说他想和你一起改进关系，但他一直在破坏规则，那么这件事就会成为你需要与他解决的首要问题。如果对方仍然在侵犯你的界限，你需要尽可能地摆脱他。

你可以把小问题放在一边，以自然、随意的风格交谈也没关系，只要不具有辱骂性。但总的来说，要认真对待他人对你说话的方式，以及你对他人说话的方式，并且要认真对待互动是如何展开的，尤其是在重要关系中。你有正当的权利和需求。几乎可以肯定的是，其他很多人都希望得到你所希望的待遇。你不是过于敏感，你在互动和关系中寻求更大的利益，并且自己也愿意遵守这些规则。

第 43 章
说出心中所愿

我们生来就有欲望。从第一次呼吸开始，我们就希望得到舒适、食物以及被他人关心的感觉。孩子想从父母那里得到，我们想从孩子那里得到，比如在凌晨 3 点哄娃之后重新入睡！欲望是很自然的。因为我们相互依赖，我们当然想从对方那里获得一些东西。

随着我们从孩童成长为成人，我们的欲望变得更加复杂。在表达自己的欲望时，人们可能会变得情绪化、谨慎或压抑。尽管这很常见，但这些表现是人际关系的主要瓶颈和障碍。如果你不能说出自己想要什么，你就不能与他人达成共识。

如何做

接下来，我们将集中探讨如何阐明和表达你的欲望，从而帮助你更好地理解和回应他人的欲求。当你读完这一章，将这些内容加以应用，确定一个你生命中的重要人物，想一想，他想得到什么——尤其是从你身上？

留意欲望

有些欲望很容易表达，比如："请开门。"更利害攸关的欲求谈论起来可能更有潜在风险，因此也更难说出口。根据具体情况，可能包括：

- 我想在这个团队中扮演更多的领导角色。
- 我希望我在公司取得的成就能得到更多赞扬。
- 我希望我们谈话时，你能把全部注意力放在我身上。
- 你能在其他时候也对我表达爱意吗，而不只是在和性相关的情境下？
- 我需要更多独处的时间。
- 你得完成你的那部分家务，把碗洗了。
- 我们能一周做爱一两次吗？
- 我不想要孩子，但我知道你想要。
- 我们需要存更多钱，用来养老。
- 我很难过，想要一些安慰。
- 我想把心中所有的爱都给你。

当你读上述例子时，是否有些会让你感到畏缩或退缩，也许你会产生这样的想法："哇，我不能这么说。"有一些感受和拘束感会压抑我们的欲望以及我们谈论它的方式，这很正常。例如，在我 20 多岁的时候，我很难表达自己对被爱的渴望。

当你即将说出你想要的重要事物时，试着留意你的感受，以及你可能会遇到的阻碍。比如：

◎ 你可能会感到喉咙发紧，心中空虚，愈发焦虑，对对方的反应感到恐惧；或者在一段反复发生冲突的关系中有一种预期的挫败感。

◎ 留意任何偏离直率和直接的行为，比如使用委婉语、模糊或抽象的术语，或者用肤浅的表达来替代你真正关心的东西（例如，揪着他人用错的一个词不放，而不是提出柔软的请求——希望得到更多尊重）。

◎ 留意一切与你的成长方式有关的东西，例如，避免谈论性或金钱等话题。你的父母是如何表达他们的欲求的？当你表达自己的欲求时，他们是如何回应的？

◎ 思考一下，你在性别、社会阶层、种族、宗教，成长过程或当下生活中所处的文化背景方面，是如何社会化的。像你这样的人应该想要什么，他们应该如何谈论这些欲望？

当你深入了解自己对欲望的反应时，它们对你的影响就会减小，你就能更好地说出自己真正想要的是什么。

知道你想要什么

想象一个非常体贴和支持你的人（你认识的人、老师，或精神导师）询问你，你想从生活中真正得到什么——该问题也适用于某些关系、情境或问题。你想从特定的人那里得到什么？你希望他们对你有什么感觉？你希望他们说什么或做什么？想想你过去那些糟糕的事情，比如一场激烈的争吵，你希望对方能有什么不同的做法，以及将来能有什么不同的做法？花点儿时间思考这些问题。在心里或在纸上写下来，你想到了什么答案？在这个练习中，在一个安全、包容性的空间里充分表达你的欲求，并让这个想象中的人物深入地倾听你的欲求，是什么感觉？你可以信任并重视这种感觉，寻找能让你有这种感觉的人，尽你所能地推动你与他们的互动，让自己对此有更深刻的感受。

我们的欲望通常包含两个方面：（1）一种体验；（2）这种体验是行动或情境的结果。体验本身就是黄金，而行动或情境是达到这一目的的手段。例如，你可能希望某人在工作中更重视你的意见，这种重视——通过赞扬或只是用尊重的语气表达——是一种让你最终感到有价值、被包容或被需要的手段。这个看似显而易见的观点具有深刻的内涵：它意味着为了获得渴望的体验，我们并不受制于特定的行为或情境。有很多方法可以让你感到有价值、被重视、被关心。我们可以执着于特定的人以特定的方式说特定的话，以获得自己渴望的体验。如果他们按我们所希望的做了，这很好；但如果他们没有，你该怎么办？因此，当你探索你的欲望时，要不断强调你寻求的体验，包括更深层、更柔软的层面。试着找出一些他人可以做的能促进这些体验的事情。之后，你向他们提出的要求就会更灵活，你就更有可能获得你想要的体验。

尽可能清晰和具体地表达你希望别人做什么，是很有帮助

的。清晰表达有很多好处,包括:

- ◎ 减少潜在的误解。
- ◎ 给人一种自尊感——你真的说出来了。
- ◎ 通常能宽慰他人,你的要求是可以做到的。
- ◎ 在发生冲突的情况下,可以提醒他人,之后你将知道,他们清楚无误地明白你到底想要什么。
- ◎ 为达成共识提供了坚实的基础,并提供了一种简便的方式来判断共识是否被遵守。

思考一段重要关系,也许是一段有重大挑战的关系。如果对方给了你你想要的东西,那会怎么样?例如,在工作会议上对方会怎么说你?对方会付你多少薪水?对方如何在公司支持你?在家里,对方一周做几次晚饭?对方永远不会用什么样的语气对孩子说话?对方会怎样触碰你?

试着把模糊的感觉转变为具体的要求。假设你想在某人身边感觉"更好",这是什么意思?他能做些什么来让你和他在一起时感觉更好?也许是语气更温暖、少些批评、多承认你的贡献。在大多数关系中,即使在工作中,你也可以提出这些要求。假设你希望你的伴侣和育儿伙伴在家里"多帮忙",那么这到底是什么意思呢?也许"更多"应该是每晚打扫厨房,带头想办法解决三年级孩子的阅读问题。

我们想从他人那里得到的,包括他们的思想,而不仅是他们的言行。根据具体情况，你可能希望某人更有耐心、更能保持清醒、对你的内心世界更感兴趣，或者更愿意在冲突中承担自己的部分负责。这并不意味着你要成为"思想警察"，就像你可以要求自己选择更积极的方式一样，你也可以要求他人这么做。

告诉对方

我们经常含蓄地表达欲望，比如向伴侣索要一个拥抱。如果一个眼神或暗示就足够了，那就太好了；但如果不是，你就需要更明确地向对方表达。在下一章中，我们将探讨如何就你和他人想要的东西达成共识。现在，我们关注的是如何公开表达你的欲求。

谈论一件事越困难，在开始之前支持自己就越重要。你可以借鉴本书第一部分章节的内容，比如找到平静的力量、接纳自己、知晓自身的良善。想象当你开始说话时，有一位智者正坐在你身边，尊重和鼓励你。如果可以，对对方怀有善意，你没有试图击垮他，即使你想要的可能会让他不舒服。

尽你所能，和对方建立一个谈话基础。在"婚姻教皇"约翰·戈特曼与其伴侣的开创性工作中，他们发现，缓慢、温和地切入一个重要话题，通常比突然、激烈地跳入要好得多。在适当的时候，花点儿时间和对方建立情感联结，先谈谈中性的或令人愉快的话题。你能对他表达一些感激或温暖吗？对方最近过得怎么样？你想让他听你的，因此明智的做法是先听他的。

这不是操控他人，操控包含欺骗。你所说的对你来说是真实的，即使这是为了给你们更深层次的谈话奠定基础。

杰出的亲密关系治疗师特里·里尔强调"我们"框架，而非"你"是你，"我"是我。你可以在这一背景下引入关于你的欲望的话题，将其描述为"与支持你们之间的关系以及你们的共同目标有关"。在工作中，你可以说："我重视我们的工作关系，对于我们如何在一起更有效地工作，我有一个建议。我们能谈谈吗？如果你现在不方便，那么什么时候对你来说更合适呢？"对于伴侣，你可以说："你对我来说真的很重要，我们的相处方式也会影响我们的孩子。我最近感到有点不安，我想谈谈我们如何能让事情变得更好，好吗？"

在谈话过程中重新建立"我们"框架会有所帮助，尤其是当你们感觉到你们中的一方或双方都退回各自的角落里并竖起盾牌时。试着得到对方的同意再进行谈话，而不是直接把他拖进谈话中。他可能会觉得你的欲望中内置着批评，而"我们"框架，以及征得他的同意，可以让他感到更舒服、更开放。尽管如此，你仍然有权利说出你的欲求，即使他真的不想听。

当你开启话题时，提及你正在寻求的体验可能会有帮助，强调什么是正常的和普遍的。例如，在工作中，你可能会对经理说："我很乐意在未来接受更有挑战性的项目，我喜欢拓宽自己能力范围的感觉，我正在为我们的团队带来改变。"和恋人在一起时，你可以说："我知道你关心我，但我还是想听你多说几句关心我的话，这会让我感觉很好。"如果感觉合适，你可以强迫自己勇敢地说出内心深处的渴望，比如："你对我来说是特别的——我也希望能感觉到，我对你来说是特别的。"

如果需要，可以谈谈过往，但是，要尽可能地把对过去的抱怨转变为对未来的要求。人们可以永远争论过去到底发生了什么、谁做了什么，以及这件事有多重要，但你不必为了过去而争吵，来决定从现在开始你要做什么。这是令人难以置信的希望！当你把自己的欲求变成要求时，别人更容易听到，而且不会觉得被使唤。你通常不能强迫他人做任何事，但你可以清楚地、有说服力地提出要求；如果需要，你还可以坚定地提出要求。当你提出要求时，你不是要变成一个容易被说服的人。你可以观察他们做的事，然后决定你将如何回应。

如果对方一直在提及过往或指责你，你可以重新把话题集中在未来，如下面的对话示例：

A：我真的不喜欢我们互相大吼大叫，我希望我们不要再这样做了！

B：你才是那个总对我大吼大叫的人！

A：（心想：你别瞎说！但争论过去会将话题从我想要讨论的未来上转移开。）不管过去发生了什么，我希望我们从现在开始停止对彼此大吼大叫。就我个人而言，这真的让我心烦意乱！

B：你又怪我让你不舒服了。

A：我不喜欢大吼大叫，也不喜欢你大吼大叫。我不会再吼你了,我也请你别吼我。好吗?

B:我从不大吼大叫,你夸张了。

A:那我们不对彼此吼叫就行了。好吧,从现在开始,我们不再大吼大叫?

B:当然,随便吧。

A:这对我真的很重要。你说你不会再对我大吼大叫,我很感激,我也不会再吼你。

B:你总是想控制我。就像你对儿子的控制欲一样强。

A:(心想:哇,这太卑鄙了,还把儿子也牵扯进来。这件事我以后再找机会谈,但现在我要把话题聚焦在不大吼大叫上。)我肯定是在试图影响我们的关系,这样我们就不会再争吵了。如果这是控制,那对我们俩都适用。我很高兴从现在开始我们不会再对对方吼叫了。真的,我很感激你愿意和我谈这件事。我觉得这对我们的关系和家庭都有好处。

在上面的对话中,A没有纠缠在任何细枝末节的问题上,也没有为自己的欲求而道歉——在该情境下,他的目的就是停止吼叫。说出我们的欲望可能很可怕,并且对另一个人来说,这可能是潜在的威胁和刺激。任何重要到需要谈论的欲求,都可能会对你们双方造成情绪负担。记住这一点,当你说出你的欲求时,帮助自己保持集中和冷静,这会让你更有可能真正得到满足。

第44章
有效协商，达成共识

在许多情境下，达成共识都很有必要，比如在团队中转换角色、养育孩子，或者找个新室友。在这些情境中，我们与他人的计划大都没有确定，我们必须通过协商来构建这些计划。

当我们达成良好的共识并根据需要而修改时，关系就会很顺利，可以一起创造美好未来。但当我们不能达成共识时，冲突就会恶化，机会就会丢失。人际关系是建立在信任的基础之上的，而信任的基础是达成共识。共识被破坏而没有得到修复，或者被反复误解，或者当一方不愿达成最基本的共识（遵守自己的约定），都会动摇关系的基础，有时甚至会导致关系的终结。

作为一个讨厌被控制的人，我意识到，达成共识实际上会让你收获自由。它能避免让问题占用你的时间和注意力，确保他人给予你所需要的支持，给你一个信任"站台"，让你可以在生活中从此处出发。

如何做

寻找共同点

假设你处于工作或家庭中，试图就某件事与他人达成共识——也许是关于孩子看多长时间电视合适,经理如何帮助你升职,或者你和伴侣是否应该搬到更安全的社区;也许有人逼迫你做一些你不确定的事情,或是你逼迫别人;也许你在寻求某种情感支持。想一想,你希望从他人那里得到但没有得到的东西是什么,因为对方还没有同意。假设你说出了你的欲求,或者他人说出了他的欲求,现在该怎么办呢?

一个好的开始是,强调你们已经达成共识的地方。你们看到的事实是什么?你们关心的事情是什么?你们共同的价值观是什么?当你们在处理分歧时,去寻找相同点。例如,你们可以就组建高效的工作团队、在会议中以礼相待,或者养育健康快乐的孩子等方面达成共识。我们在目标上往往是一致的,即使在手段上有分歧。因此,无论是在讨论开始时,还是在关于方法的争论变得激烈时,都要试着强调你们的共同目标。

如果对方提出了一个想法,你可以先说你喜欢它的地方,试着缩小分歧的范围,这样更容易处理。例如,在工作中,你可以这样说:"我喜欢你提出的新公关策略,但我担心它的价格。"对离婚了但共同抚养孩子的前任,你可以说:"我们都会有新的约会对象——很奇怪,对吧?但我认为我们不应该把他们介绍给孩子,除非那是一段认真、正式的关系。"对朋友,你可以说:"当然可以,我们一起吃午饭吧。我只要能在外面吃饭就行了。"

我比较超然,善于分析,以解决问题为导向。(你可能已经注意到了!)因此,我试着记住这条准则:从参与开始——带着同理心、共同点和价值观，留意你们已经达成共识的地方，探索并解决所有遗留的问题。

有效协商

即使在最牢固、最幸福的关系中，也总有需要协商的时候。下面介绍一些有助于顺利进行协商的方法。为了让这些建议更加具体和相关，你可以回忆一段充满冲突的关系，思考如何将以下建议应用于这段关系。

◎ 一次解决一个问题

接二连三地发牢骚，把抱怨混为一团，或者向某人发泄一肚子怨气……尽管这些做法可能很有诱惑力，但不是很有效。相反，你可以选择一个问题，将它说出来，把注意力集中在它身上，并试图解决它。在自然的进展中，你可能需要处理更深层的问题，但仍然是这同一个问题。你可能会对朋友说："你在我发的帖子下面的评论让我感觉很受伤，但这与特定的语句无关，这涉及做朋友要对彼此友善。"如果出现了另一个必须先解决的问题，你就需要明确地过渡到这个问题，并表明你们仍需回到最初的关注点。例如，"哦，天哪，你是对的，我们必须决定如何处理汽车的刹车问题。但这个问题弄清楚之后，我们就要回到'我们要开车去哪里度假'这个问题上。"

关系中的一种元问题，是由谁来把问题公开，以及谁的问题可以得到优先关注和解决。尽你所能强调你提出的话题，并抵制任何内部（或外部）的压力。你有发言权，而且你的声音应该被听到。如果你想谈论 X，但对方想谈论 Y，就决定谁先说，并且要清晰地认识到，你们将谈及每个人的话题。如果需要，提前说清楚你们将在每个问题上花多少时间。如果可能，从他人的问题开始，扫清障碍，建立初始善意，这可能会有所帮助。

如果有人一直在说题外话，你可以指出来，然后回到你的话题上。如果对方说的事情与你的话题无关（比如对你的一个朋友的刻薄评论，或者对一件不相关的事情的建议），一般而言不要去追究这些话，尽管你可能会记在心里，以后再找机会谈论。坚持回到有可能达成新的友好共识的话题，专注于你想要的结果。例如，当他人对未来的看法与你一致时，你不必拿过去的事情指责他们。

如果你觉得对方不打算和你达成任何共识，可以试着和对方谈谈。你可能会说："也许我的感觉是错的，但你真的想和我达成共识吗？你生我的气了吗？现在不是解决我们之间问题的好时机吗？还是你根本不想被任何事情束缚？"希望讨论这件事能让你们双方重新回到达成共识的框架中。如果没有，你可以休息一下，稍后再继续。如果需要的话，或许很遗憾，你可能不得不重新评估这段关系，以降低你对对方的期望。

◎ 明确问题

对于崇高价值观或抽象概念，人们永远争论不休，比如公平在工作场所意味着什么，父母应该对孩子多么纵容，或者友善待人意味着什么。因此，我们要尽量将问题具体化，使其明确，特别是如果从前有过误解，或者坦率地说，含糊其词和敷衍了事。例如，工作会议将持续多长时间？议程是什么？与会者的角色是什么？在家里，你对家务、孩子、宠物有什么期待，刷牙时是否要把牙膏的盖子盖上？在一对共同分担财务的夫妻中，"吝啬鬼"和"败家子"之间的差距最初看起来犹如一道鸿沟，但最终可能归结为在每周外出就餐的预算上相差 20 美元——这种差异容易处理得多。

明确和具体化你的要求，可以帮助对方意识到为你做这件事并非难事。解决一个问题并让他人开心，通常非常容易。例如，如果你的伴侣想要更多坦率的交谈，每周花 20 分钟谈几次也许就足够了。你可以清楚地表明，如果对方只是做 X、Y 或 Z，你就会真正感到满意。

明确每个人要做什么、什么时候做、怎么做。你可以说出你认为你同意的是什么，你也可以要求对方这么做。尽量减少任何模糊或不明确的地方，这些地方很容易让人最终感到失望。

◎ 有舍才有得

我们的大多数关系都包含这样或那样的交换。这并不意味着每分每秒都要记录得失，但从长远来看，在给予和接受上需要达到合理的平衡。因此，你可以试着找出，你能做些什么来让他人倾向于满足你。和朋友在一起时，你可以说："如果我开车,我们能去我最喜欢的餐厅吗?"在工作中,你可以说:"谢谢你写的这份报告,我很乐意复印几份在会上使用。"通常来说,你可以问这个简单而有力的问题:"怎样才能帮助你满足我的要求?"

大问题通常相互关联,就它们达成某种共识是可以的。例如,恋爱关系中的一个经典模式是"追求者+疏远者":一方越试图靠近,另一方就越后退……这自然会让前者想要比从前握得更紧。因此追求者可以说"我会给你更多空间",疏远者可以回答"谢谢,我会在表达对你的爱上做得更好"。当一对夫妇有了孩子,有时一方希望能更好地进行团队合作,而另一方希望恢复他们的亲密关系,同时满足这两种需求可能会有帮助。我记得一位家长跟我开玩笑说:"我的伴侣早上给孩子们做午餐时,前戏就开始了。"

在一段重要关系中,即使你想要的只是单纯的偏好问题,或对方不理解你为什么想要那样……他仍然可以选择满足你的欲求,因为他关心你。这是一种有效的方式,可以避免争论你的欲望的具体优点,进入更高的层面——你们对彼此的关心。

◎ 巩固成果

当解决一个问题后,你可能会忍不住去关注下一个问题,但这可能会在事情刚开始稳定下来的时候引起混乱。讨论问题可能会令人倍感压力和疲惫,因此承认你们已经取得的进展可能是明智的,不要让对方筋疲力尽,导致他不愿意在未来与你谈论需要达成共识的问题。

大问题往往可以通过一系列小共识来解决。你可以在心里规划一套循序渐进的步骤,让你们在这个过程中彼此依靠、积累动力、加强信任。

对破坏共识的处理

当共识被打破时,说出这件事很重要,否则,破裂的共识将成为新的标准——在你们的关系中,遵守共识似乎不是需要优先考虑的事情。如果你破坏了共识,就主动承认这一点,要么重新遵守共识,要么提出一个对你而言更容易遵守的修订版。

如果对方破坏了共识,就要找出原因。你可以谨慎地开始,不要贸然提出激烈的指责。看看双方究竟达成了什么共识,是否存在误解?例如,一方可能认为交报告的"周末"指的是周五,而另一方可能认为是周日晚上。再看看是否有一些因素阻碍了对共识的遵守?例如,在交通高峰期完成一项差事需要更长的时间,你应该考虑哪些因素?是否有人忘记了?或者对方从一开始就没有真的想要遵守共识?或者,更糟的是,他根本不在乎是否遵守对你的承诺?这些问题你都需要找到答案。

如果由于误解、意外情况或只是遗忘而导致共识被破坏,通常可以直接重建共识,也许可以进行一些修改。如果对方很明显没有认真对待你们的共识,如他淡化了违背承诺这件事,变得防御,并以某种方式归结为你的错;或者,因为你敢于谈论他们的所作所为而反击,那么这就升级为关键问题了。在处理这个问题时，你可以（相对地）保持冷静和专注，借鉴我们之前在本书中探讨过的内容。有时，对方在不情愿地重新对一个共识做出承诺时，会发出一些轻哼和咕哝……然后继续前进。你可能需要非常直接，甚至严肃地去说服一个对共识持傲慢态度的人。如果是这种情况，在工作中你可以说："不，我不像你的前任经理，当你告诉我你会在某日前完成某项任务时，我希望你真的能做到。"对于伴侣，你可以说："你能像对待工作中的约定一样，认真对待我们和孩子之间的约定吗？"视情况而定，你可能需要非常直率地说："我承诺遵守与你达成的共识。我无法让你遵守你对我的承诺。但我可以告诉你，如果你不这样做，我就会脱离这段关系，因为坦白地说，我将无法信任你。"

共识很重要。尊重你做出的共识，并要求你周围的人也这样做——这是一种重视自己的方式，也是一种重视他人的方式。

第45章

调整关系，尽力修复

人际关系建立在一定的基础之上，比如共同的认识和价值观。如果一段关系比其基础"小"，那么你可以找机会扩大它。另一方面，如果一段关系超出其真实基础，就会给你和他人带来风险。

调整关系是一个自然过程。如果对方只是泛泛之交，你知道你们都有健康问题，这给了你们一个加深联结的机会。或者，也许在你心爱的狗死后一个月，一个老朋友告诉你你应该把它忘掉，因此你远离了他。有时候，人与人之间存在着根本分歧，这无关孰对孰错。比如，对方永远不会像你这么外向，或者他对艺术和音乐不感兴趣，所以你们在一起的时间开始减少。

想象一个圆圈，代表你初次见一个人时你们之间所有的可能性。接着发生了一些事情，致使你把圆圈的某些部分划出去，缩小了关系的范围及其对你的影响。例如：

- ◎ 嗯，我们的政治立场截然不同，还是不提比较好。
- ◎ 第一次约会之后，我不想和他建立恋爱关系了。
- ◎ 他们很有趣，但我不喜欢和他们一起去酒吧。
- ◎ 当我真正需要的时候，却得不到太多情感支持，我不会

- 我还没准备好放下这段关系，但我肯定不想和他结婚。
- 我会一直坚持到孩子们上大学，再认真审视我们的关系。
- 我爱我的爸爸，我会照顾他，但他就是不想和我们住在一起。

调整关系的范围实际上可以支持关系。要拥有一段你喜欢的关系（其大小和形状基于你对对方有何种信任和期待），你不必切断所有联系——尽管也可能会发展到那个地步。你有权根据自己的判断调整关系的范围。知道你有这个权利，可以让你更舒服地扩大一段关系，因为你知道，如果需要，你可以缩小它。当某些关系受到更多限制时，维持它也比结束它更容易。

如何做

评估关系

为创造评估背景，问问自己："现实地说，你希望别人如何对待你？你认为在关系中你应该得到什么？在工作和家庭中，与朋友和邻居之间，你认为健康、理智和快乐的关系是什么？"

然后考虑一段对你来说具有挑战性的关系，以及如何调整它可能会有所帮助。根据情况的不同，这种调整可能是：与亲戚共进晚餐时间较短；在工作中与要人会面时让对方在场；不和朋友谈论宗教；在走廊上擦身而过时愉快地打个招呼（但不过多交谈）；让一段交情不深的友谊逐渐淡化；结束一段恋爱关系；不再向某人暴露自己的弱点；不再回某人的电话，或者放弃你和亲人之间修复关系的希望。

对于这段关系，花点儿时间考虑一下：某些话题是否特别容易引起你们的摩擦？对方是否一直向你要求某些你不想提供的东西？你想从对方那里得到的东西，他只是三心二意地对待吗？是否有某些特定的情况会引发麻烦？在哪些方面，你对对方的要求可能超出了他的能力？紧张、沮丧和失望反复出现的根源是什么？在关键时刻，如果很艰难，对方会做出正确的选择吗？

另一方面，什么时候你们的关系进展顺利？谈论什么是安全的？你能信任对方什么？对方在哪些方面关心着你？对方对你有多忠诚？这个人在其生活中的社交和情感方面是否有进步？当你从大局观的角度观察这段关系时，有没有什么事情是你可以自己做的，可以解决你在提到的这些问题，而不必缩小这段关系的范围？

想想这段关系对你到底有多重要？你是否因为工作或家庭关系（例如岳父）而需要与对方保持良好的关系？如果你再也见不到对方，你能接受吗？你想花多少精力来修复或处理当下的问题？你宁愿摆脱这段关系吗？你想彻底结束吗？

以这种深远的方式回顾一段关系可能会让人感到清醒、难以忘怀和悲伤。注意不要妄下结论，也不要让最近的一次互动影响你的看法。尽管如此，你能看到你所看到的。对未来最好的预测因素是过去,长期存在的模式通常变化缓慢,甚至难以改变。你可能会感受到感激、尊重、爱和同情,同时对对方以及你与他的实际互动和关系有冷静、清晰的认识。

尽你所能修复

在你以上述方式对关系进行评估之后,你通常有3个选择:接受对方的言行,顺其自然;尝试修复关系;缩小关系。如果你决定进行修复,你可以利用我们在前文探索过的许多工具。例如,如果你经常在某一方面对某人感到失望(如他从来没有在会议上叫你发言),你可以说出你想要什么,并试着与对方达成共识,就像我们在前两章讨论的那样。

如果你们之间存在严重的信任问题(如撒谎、不忠、秘密吸毒或滥用共有财产),我认为任何有意义的修复都必须包括对方对所作所为负责和悔恨,对方必须向你保证这种事不会再发生了。如果对方对他所做的事含糊其词、轻描淡写说你需要向前看,你就很难知道你是否能再次信任他,这可能意味着你最好还是缩小这段关系的范围。

如果你们之间在某些事情上有根本分歧(如你想要保持家里干净整洁,你喜欢进行深入的情感对话,或者你对性的自然渴望),你可以看看你们能否互相迁就,找到一些折中的办法。虽然我们都有自己的天生"设定值",但人类具有心理灵活性,能够对许多不同事物产生兴趣。知道了这一点,特定的问题本身(如整洁度、谈话或性)就变得次要了,主要问题是:"你对我和我们关系的在意程度,是否足以让你的想法稍加改变?"这是核心问题,对方也可能会问你类似的问题。例如,以询问(而非指责)的方式,你可以这样说:"我们的关系对你来说是最重要的吗?我们谈话时,你能多问问关于我的问题,并且对我的回答感兴趣吗?你能一周一次,故意激起我的情欲,然后进行一些亲密行为吗?因为我对你来说很重要,你是否愿意想着这个巨大麻烦,把我妈妈安顿在养老院吗?"

当你做出这些努力时,你可以观察事情是如何发展的,以及对方实际上做了什么。你会看到他能处理什么样的问题(如果有的话);你会看到他真正的修复能力,包括为自己承担的部分负责、对你有同理心、以礼待人,并探讨问题。关系必然需要修复。如果对方忽视或惩罚你在修复方面的努力,这在任何重要的关系中都是一个危险信号。如果可以,试着谈谈修复本身,以及为什么它很重要。例如,你可以说:"因为我珍视我们的友谊,我正在努力解决我们之间的一些尴尬之事,这就是我提出这个话题的原因。我希望我们能有效地讨论这个问题,我们可以讨论一下吗?你觉得我们该怎么谈?"希望你能挽回局面。但如果对方拒绝修复这一问题,这绝对是关系中的危险信号,而且通常是一个明确的信号,表明你需要调整关系的范围。

哀悼丧失

你可能会失去你所期待的爱情,或者在孩子们离开家后失去共同生活的伴侣。也许你意识到一个生意或项目无法成功,因为其他人不具备成功所需的才能或动力。也许朋友永远无法理解你为什么这么在乎你吃的食物，你还可能遇到一个不愿提拔你的老板。

在关系中，面对局限会让我们感到愤怒、焦虑，以及深深的悲伤。因为这种清算往往是痛苦的，人们可能会用一厢情愿的想法或完全回避来试图推迟它。有时候，事情会自己变好。但是，俗话说得好，"希望并非计划"。能健康地醒悟——清醒过来并清晰地了解事物，是有帮助的，即使这很痛苦。

在这个过程中，体会自己的感受，带着对自己的同情和支持。精神病学家伊丽莎白·库伯勒-罗斯提出的面对死亡的经典阶段，为这一过程提供了一张大致（精简）的路线图：否认，讨价还价，愤怒，绝望，然后是（但愿如此）接受。承认你的丧失。然后，感觉恰当时，转向同样真实的事情本身。即使你摆脱了对你不利的事情，在这段特殊的关系中，你也要转向好的方面。在其他关系和整个世界中，转向好的一面。你不是在逃避丧失的痛苦。事实上，转向好的方面，你将使自己坚强起来，敢于承受痛苦和悲伤。

当对方以你不喜欢的方式调整你们的关系时，你会感到一种特殊的丧失。如果你能和他谈谈，进行修复，那就太好了。另一方面，冷酷的，有时在情感上残酷地断绝关系是惊人的普遍。也许你正在和某人约会，但他毫无征兆地消失了；你父亲说他不想和你有任何瓜葛；你成年的女儿不回你电话，或不让你见孙子孙女；你的兄弟姐妹编造关于你的故事，也不告诉你原因；或者某些亲戚拒绝和你在同一张桌子上吃饭，因为你们政见不同。在这种单方面的疏远中（其中一些是我个人经历过的），这么做会有所帮助：

- ◎ 尽你所能找出发生这种情况的原因。
- ◎ 确定自己在这件事中扮演的角色，不管是什么——它可能完全与你无关。
- ◎ 如果对方愿意，试着和他谈谈。
- ◎ 不依赖于你，尽你所能了解他们与你无关的近况。
- ◎ 试着接受失去，继续放手，从情感上脱离这段关系。
- ◎ 转向好的方面。

但是，尽管你能很理性地做到上述这些事，但被你在乎的人疏远，本质上是痛苦的，可能需要数年时间才能达到内心的平和。有时，你能做的就是在生活中的其他方面好好生活，并忍受当你想起对方时所带来的痛苦。

划定界限

当我们或多或少地放弃了一段关系的某一方面，但仍然欣赏这个人时，此时就是调整关系范围的关键时机。几乎每个人都会有缺失。（其他人对你的看法也是如此，面对它，也许还可以谈论它，这会让你感到谦卑和诚实。）这取决于你们之间的关系，也许你们无法分享精神上的修行，也许你们无法一起完成一个商业项目，或者你们的性生活尚可，但不是很棒。也许你在某件事上的努力，已经使你们的关系变得紧张，并制造了冲突。

或者，你可能处于这样一种情况：你必须与某人保持联系，但你的内心却想远离他。你可以表现得礼貌而愉快，同时拒绝争论某些话题，拒绝一起做未来的任何项目，拒绝一起被困在同一辆车里。有些人试图通过争吵或引发他人的情绪反应来建立联结，如果是这样，你可以避免在他们的脚本中扮演这些角色。想想他们扔给你的诱饵，你以前是如何被拉进去的，从现在开始你能做些什么来避开这些互动。也许你需要在某些场合出现，比如节日晚餐，同时保留在人们喝醉时离开的权利。

我们设定的许多界限都是隐性的，不会向对方宣布或解释。这通常是合适的，部分原因是可以避免关于你为什么要设置界限的冲突。另一方面，你可能想要表明自己的立场。如果你这样做了，你可以选择给出你这么做的原因，尽管最简单的方法可能是说明界限，然后放手，不要为此争论。根据关系的不同，你可能会说：

◎ 我需要在下午5：30下班，以便及时回家和孩子们吃晚饭。
◎ 我不能再借钱给你了。
◎ 我会和×××保持朋友关系，尽管你不喜欢他们。
◎ 如果你再用这种方式说话，我就离开。

第 45 章 调整关系,尽力修复

- ◎ 如果你想要打我,我就报警。
- ◎ 在这个家里,我不会做超过一半的家务活。
- ◎ 我们亲热时,我需要感受到被你爱着,与性无关。
- ◎ 不,我不要和骚扰过我的叔叔一起过感恩节。
- ◎ 我想让你看看你的孙子孙女,但请遵守我们给他们吃什么食物的规定。
- ◎ 如果我在你的卧室里发现香烟,我就会把它们冲进厕所。
- ◎ 我不想再谈论宗教了。
- ◎ 我不喜欢看足球,但这没关系。

如果你想告诉他人关于界限的事情,在你说出口之前,先在心里把这些话表达清楚(你也可以在纸上写下来)。从根本上说,你有权设定界限,调整关系的范围。如果过去没有人尊重你的界限,宣称这种权利(坦率地说,是这种权力)就显得尤为重要。内德拉·塔瓦布的书《界限》(*Set Boundaries, Find Peace*)是一本关于设定界限的优秀指南,包括内在态度和外在技能,凝结了塔瓦布作为治疗师和关系专家的深厚经验。

在调整关系范围的过程中,报复和惩罚可能很有诱惑力。从短期来看,你可能感觉不错,但从长远来看,你会后悔的。我就经历过。如果你需要完全放下另一个人,那么试着这样做——即使在街上与他擦肩而过,心中却已不起波澜。

第 46 章

宽恕他人,放过自己

宽恕,有两种截然不同的含义:

- 放弃怨恨或愤怒。
- 赦免罪行;停止惩罚。

本书主要探讨第一种,包括你还没有准备好完全原谅某人,但仍想在面对往事时保持平和。追寻宽恕与追求正义可以双管齐下。我们可以将一种行为视为道德上应受谴责的,同时放下对行为人的愤怒。你可能会继续为该行为对你和他人的影响感到悲伤,并采取行动确保这种情况不会再发生;同时,你不再感到委屈、不再责备他人或心存报复。

宽恕似乎是崇高的,似乎它只适用于重大事件,如通奸或犯罪。但最容易被宽容是日常生活中的小伤害,当他人让你失望、阻挠或烦扰你,或只是无意中惹怒你的时候。

从宽恕中获益最多的人往往是宽恕他人的人。有时候,我们原谅了那些从不知道我们已经原谅了他们的人,他们可能一开始就不知道我们感到很委屈!宽恕能使你从愤怒和报复的纠缠中解脱出来,从对过往以及脑海中有关他人的执念中解脱出来。当你宽恕他人时，你内心深处天然的良善就会愈发显露出来。

如何做

你无须宽恕任何人。如果宽恕是被迫的、勉强的或不真实的，那它就不是真正的宽恕。有时，我们只是还没准备好宽恕他人——也许为时过早，也许发生的事情不可原谅。不要让他人强迫你去宽恕，那对你来说是不真诚的。如果直觉告诉你，你确实可以宽恕某人，但在内心深处仍有阻碍时，试着去探索这一阻碍。也许它在告诉你，在你继续前进之前，你需要更多地了解对方的动机，或者需要让自己对他们的行为感到非常愤怒。你可以花点儿时间决定是否要宽恕他人。当你这样做的时候，试试下面的建议。

关怀自己

当你感到不知所措或遭到无理对待时，很难会宽恕他人。尽你所能保护自己和无辜的人。尽你所能修复损害，如果需要，可以调整关系，继续让你的生活变得美好。你可以宽恕他人，同时缩小（如果不是结束的话）和他们的关系的范围。

寻求支持

如果其他人能和你站在同一立场，认识到你所遭受的不公正对待，你就会更容易宽恕他人。那些支持你的人对已经发生的事情可能无能为力，但仅仅是知道他们站在你的立场上，他们关心你,就会给你很大的帮助。

感受宽恕

宽恕不是"关闭"你的情绪反应。让你的想法、感受和欲望有喘息的空间,随着时间的推移随其自然节奏消长。在一个意识的大空间里对你全部的体验敞开心扉,可以帮助你对所发生的事情感到一种完成感和解决感——这件事本身是好的,也有助于宽恕。

核查你对事件的看法

注意不要夸大某件事的糟糕、重要或不可原谅的程度。对他人的意图做出假设时要注意。在现代生活中,很多人压力都很大,他们在大部分时间里都很浮躁,也许你不幸地撞上了某人糟糕的一天。正确地看待已发生的事:这件事真的那么重要吗?也许它真的很重要,但也许它并没那么重要。

承认宽恕的价值

问问你自己:"我的委屈,我的责备,让我付出了什么代价?我在乎的人会为此付出什么代价?放下这些负担会是什么样子?"

思考一下你的自身利益到底是什么。想象一下,你的愤慨、怒火和怨恨就像你背负的石头,留意它们有多重……然后想象一下,把它们扔进海里,那会是什么感觉?

第46章 宽恕他人，放过自己

顾全大局

思考一下那些伤害过你的人背后的诸多因素，比如他们的童年、父母、经济状况、性格、健康状况，等等。这并不是要淡化他们所做的事情或忽视他们的责任，而是为了你的利益把这件事放在更大的背景下考虑。当你看到压迫在他人身上的一些痛苦时，你就可以更客观地理解他们的行为，这有助于减轻他们给你带来的痛苦，即使你依旧怨恨他们。试着看到你生活中的许多事情——现在的，过去的，未来的，这一切都很好，并没有被他人的所作所为影响。

接纳生活中总有伤害

分享一则禅宗故事。有人问云门大师："树枯叶落是怎么回事？"答曰："肉身暴露于金色的风中。"

此故事的深意我还未完全理解，但有一件事似乎很清楚：要享受关系中所有美好事物的金色之风，我们就必须将自己暴露在生活中……包括伤害。我们都会受伤，以这样或那样的方式。人们有时的确会做一些糟糕的事情，这不是为其开脱，而是承认这一现实。有时人们会不公正地对待你，却不受惩罚。这是错误的，但我们都要直面这个事实。从这个角度看，这种事就不那么个人化了。这就是生活，这就是与他人一起生活和工作。我们既能勇敢地面对不公正对待，也能在其发生时以大局观的角度来看待它。

告诉自己——也告诉他人

当你准备好宽恕某人时,你可以对自己说出来,看看感受如何。例如,"我原谅你……我要放手了……我仍然认为这是错误的,但我不会再让它困扰我"。你可以用真诚的话语来表达。

然后,如果你愿意,你也可以告诉他人,希望对方能接受。如果对方没有接受,你仍然可以在内心收获宽恕的好处;同时,现在的你可以更加清晰地认识对方。

第六部分
爱这个世界

第 47 章
爱上真实

在我的成长过程中,家庭和学校都让我感到岌岌可危。我不明白,为什么我的父母和许多孩子经常会对一些看似微不足道的事情产生强烈的愤怒或恐惧反应。我的内心也感到摇摇欲坠,我不明白自己的感受和反应。外部世界和内部世界都令我感到头晕目眩,紧张不安。

因此,我想要寻找稳固的立足之地。我试着去留意和理解真正真实的东西。我家周围的橘子林和小山自然而舒适,我一有机会就会去那里。我开始读科幻小说,喜欢有序的宇宙,在其中你可以找出宇宙飞船为什么无法工作,然后把它修好。

我也试图弄清他人和我自己的真实内心:"我妈妈为什么这么暴躁?噢,她在生我爸爸的气。为什么这个霸凌者欺负我?噢,他想在他的朋友面前显得很了不起。为什么那个女孩看起来如此受伤?噢,因为我做了不好的事。为什么我在群体中感到害羞?噢,我担心他们会取笑我说的话。"

多年后,真实成了我主要的试金石和避难所。当然,谜团仍然存在,我们对真相的描述是不完整的,并且会受到文化的影响。尽管如此,我们仍然可以了解很多东西——从肠道中的微生物和心中的感受,到两个黑洞碰撞引起的时空涟漪。

除了了解真相，我们也能爱上真相，为其存在而震惊，因看清而非被欺骗而安心。我们无须喜欢真相才能爱其真实性。

不健康的个体、伴侣、家庭、组织和政府都有什么共同点？他们隐藏、歪曲或攻击事物的真相。例如，"家庭秘密"是问题的典型标志，其中的好故事——"哦，妈妈不会喝那么多酒……鲍勃叔叔不是变态，他只是比较亲昵"——隐瞒着糟糕的事实。

另一方面，健康的个体、伴侣、家庭、组织和政府都有什么共同点？他们都以真实为基础。他们寻求真相，并帮助他人靠自己的力量找到真相。他们实话实说，并尽他们所能去处理。

如何做

我喜欢从实物开始，比如手里的石头、杯子里的水，或者桌子上的书。让你的感知从一个物体移动到另一个物体，看到、听到、触摸或想象——一个接一个，都是真实的……然后将感知延伸到拿着石头的手，以及大脑构建其形状和纹理的感觉：这一切都是真实的！用几次呼吸或更长时间，意识到一个又一个真实的事物：植物和动物，叉子和勺子，大地和天空，天空之上的星星和地面之下的蠕虫……这么多真实的东西。如果你放松下来，敞开心扉，一种热烈的狂喜以及感激和敬畏就会涌上心头。

我们每个人都被无数真实的事物支撑着。例如，当你坐着、站着或走路时，留意你的骨骼是如何支撑你的。改变姿势，直到你感到有稳固的支撑，带着一种正直感和力量感。真实地注意到这种身体得到支撑的完整体验。从坚固的墙壁、电灯到花瓶里的花朵或朋友的照片，你可以看到许多保护你、帮助你或让你快乐的东西。你可以想起某个支持你的人，花点儿时间去感受这个人的真诚，以及他对你的支持的真诚。当你面对生活中的挑战时——包括那些不支持你的人——感激你能找到的真正的支持是很重要的。

任何你认为神圣的东西都是真实的。它可能与宗教或灵性有关，也可能与你所珍惜的任何东西有关，比如古老的红杉、孩子眼中的光芒，或者人类内心天生的良善。如果你像我一样，无法持续地意识到什么对你来说是最珍贵的，但是当你重新注意到它——也许是在婚礼或葬礼上，或者站在海边时，你会产生一种回家的感觉，一种被肯定的感觉，一种知道这真的很重要、值得你去爱的感觉。

爱上真实是一种基本的感激，感激你的存在，以及任何事物的存在，其中包含接受、谦卑、尊重。许多真实的事物都是令人紧张或不公平的。我们不希望它们降临到他人身上，也不希望它们降临到自己身上，然而，我们仍然可以爱真实的一切，包括这些特殊的事物。

爱上真实会让你更容易看清你可能想要逃避的东西，比如你的健康状况、财务状况或关系，或者你自己内心深处正在发生的事情。你也许会像我最近做的那样，思考对他人的同情或愤怒叠加起来的实际影响，以及关于如何最好地利用生命中剩下的岁月的实际选择。你能用真实的爱，去面对和处理一些重要的事情吗？

爱上真实的一种方式是倾听或寻找他人带给你的真相。你的朋友或家人的内心发生了什么？他们需要什么？哪里受伤了？就像我们自己的经历对我们来说是真实的一样，他们的经历对他们来说也是真实的，有时是痛苦的。你能感受到他们内心世界的重量。即使你不太喜欢某人的意识中流动的东西，你也可以屈服于其真实性——这将给你带来更强烈的轻松感。

无论是在我们的家庭还是在我们的国家，说出真相并支持那些这样做的人，是一种积极而勇敢的爱真实事物的方式。有时，这样做可能不合适。比如你不想告诉年迈的父母，他们对儿时的你造成的所有真实影响，生怕增加他们的心理负担，但你总能在自己心灵的圣殿里找到真相。

真实是我们宝贵的避难所。我们可以依靠它，包括每个人内心真正的良善，对他人真正的美好祝愿，每一天真正的努力，真正的内在觉醒。你可以爱你内心真实的东西，并在这种爱中找到通往一切真相的入口。

第48章
振作起来

对于振作起来,我指的是以下几件相互关联的事情:

- 感受你的内心和胸怀。
- 在一切美好事物中寻找鼓励。
- 在自身的温暖、同情和善良中保持宁静;在他人对你的关心中保持宁静,让爱自由流动。
- 勇敢,赤诚,坚强,即便焦虑,也要明智地前行,知晓关于自身的真相,并尽可能说出来。

当你振作起来时,就能更好地应对衰老、疾病、创伤或与他人的冲突等人生挑战,你也能带着自信和勇气更好地抓住机遇。

即使在平凡的日子里,也需要振作精神。在真正艰难的时候,坚持不懈,共渡难关,这尤其需要振作精神。你个人的艰难时期可能涉及健康问题、亲人去世,他人的背叛等。又或者,这种艰难可能与国家和世界的变化有关,以及你担忧这些变化对他人和自己的影响。

很多可敬的人以尊严、原则和勇气面对巨大的困难,他们的事迹为我们树立了榜样。他们能做到，我们也可以。

如何做

从顶住风暴开始。当重大事件发生时——无论是在校园里，还是在世界另一端的难民营里，我们自然会为之震惊和不安。这种反应有助于你与原始经验、身体感觉、深刻感受，以及被激起的恐惧和愤怒待在一起，而非陷入强迫性的思考。不论是什么，这都是你的体验。如果你比其他人更容易受到影响，那也没关系，你可以留意有什么念头正流经你的广阔的意识空间，观察这些念头，不要被它们淹没。

当生活陷入低谷时，做一些可以帮助你找回集中感、找到立足点的简单事情。例如，整理床铺或给朋友打电话，好好照顾你的身体，为自己做一顿美餐，保证充足的睡眠。做几次深呼吸，也许还可以冥想一下。当真的发生重大事件时，注意到你当前基本上一切都好——你还在呼吸，心脏还在跳动，没有完全不知所措——这一刻，一刻又一刻。在某处找到一点快乐，也许是橘子的味道，或者是用温水洗脸的感觉。看看树木和天空，喝杯茶，眺望远方。

警惕和引导你的注意力。查清实情并尽你所能制定最好的计划是一回事；被没有给你的生活增添任何价值的新闻，被他人分散注意力，或感到心烦意乱，则是另一回事。

振作起来，这是好事。在外部世界里，存在着他人的善良、一片叶子的美丽，以及不论被什么掩盖，仍然闪闪发光的星星。

第 48 章 | 振作起来

此时此刻，就在你阅读此书的时候，全世界的孩子们都在开心地欢笑，家人们围坐在一起共进晚餐，新的生命正在诞生，垂死的人躺在充满爱意的怀抱里。在你的内心中，存在着同情心、真诚的努力、快乐的回忆、能力——以及更多。

与他人一起振作起来，分担忧虑，互相支持，建立友谊。

做你能做的事。外部世界越动荡，越令人担忧，越超出你的控制范围，你越要专注于内在的稳定、安全以及任何你能做的事情。

鼓起勇气。强大的势力总是试图迷惑和恐吓他人。与此同时，你可以保持内在力量，永远不要畏缩或屈服。

最后，我发现，有远见真的很有帮助。在不去贬低任何可怕之事，像你我这样的人类已经在这个星球上存活了 30 万年，这也是事实。我看见树木、土地、海洋——所有这一切都在我眼前，在我死后也将继续长存。帝国兴衰沉浮。我们仍然彼此相爱，仍会为帮助一个陌生人而竭尽全力，为美丽的彩虹而赞叹。没有任何事物，没有任何人能改变这一点。我们一步一个脚印，向前迈进，一路上扶持，一路友爱。

第 49 章

尊重投票的权利

在这个拥有数十亿人口的世界里，我们的所作所为会影响彼此，无论是好是坏。我们与每一个人都彼此联结。在这本关于我们如何回应和对待他人的书中，去探讨我们在共享社会中的人际关系是合适的。关于人类如何管理自己，似乎抽象而遥远，但其后果却与每个个体密切相关。

你可能会担心经济、气候变化带来的风暴和干旱，或者在全球范围内蔓延的新病毒；你可能会对世界各地威权主义的崛起感到震惊。如果你和我一样也在美国，你可能会对奴隶制、种族主义和社会不公的悠久历史感到惊骇。你可能非常关心我们的孩子将要继承的未来世界。

当某些事情发生时，比如白人警察谋杀了一名黑人，人们自然会感到震惊、愤慨、无力，被愤怒或无法抑制的悲伤所淹没。尽管如此，你也可以保持正念——觉知以及保持在当下，而不是完全被情绪冲走。然后，在某个时刻，做一个深呼吸，环顾四周，试图弄清自己该做什么。

而且，我们还能做一件事，投票表决。我们可以通过多种方式投票。除了通过投票箱表决之外，当我们签署请愿书或把钱捐赠出去时，我们就提供了一种有后果的选择。从广义上讲，

第 49 章 ｜ 尊重投票的权利

当我们为任何受到不公正对待的人辩护时，我们就是在投票。在你心里，当你采取一种道德立场时，你就在某种意义上投出了一票。"投票"（vote）一词的词根是"誓言"（vow）：做出承诺，宣称你拥有的权力，并使用它。

有人可能会说，"没关系。任何一个誓言，任何一次投票，都只是沧海一粟"。

但每一个选择，对做出选择的人来说都很重要。知道自己致力于某事，信守诺言，言行一致，这种感觉本身就很好。此外，它也是无助和绝望的强大解药。

当你采取行动时，也可以激励他人。而许多微小努力逐渐积累，一点一滴，就能汇聚为滔滔江水。20 世纪 60 年代末，我达到了投票的法定年龄，我见证了公民权利、环保主义、同性恋婚姻和妇女权利的重大进步。这些变化，是随着时间的推移积累起来的无数次"投票"的结果。

我们还有很长的路要走。我们投下的选票（以及我们的言行）并不能确保成功，但如果我们不进行投票表决，就一定会失败。

如何做

为事实投票

不清楚事实就像闭着眼睛开车。有人说，我们无法真正了解类似全球经济或气候变化等重大事件的真相。我认为这只是因为懒惰，上网花 10~20 分钟查找到的可信资料会告诉你很多，特别是当它们彼此一致的时候。根据问题的不同，你可以从大学机构、科学和专业组织、无党派非营利组织、相关网站和主要新闻机构的网站上找到适合公众的优秀摘要。这些来源并不完美，但是因为它们在准确性上相互竞争，当它们达不到要求时会进行修正，因此这让它们变得相对可信。

无论是在家中走廊里，还是在权力大厅里，我们都深受真实事件的影响。当有人告诉你："别担心。你无须知道真相，你无须担心……"你通常就会这么做。那些为了保住权力而撒谎的人会使权力失去合法性。任何说事实无关紧要，或让人们更难找到事实真相，或散布虚假信息来掩盖真相的个体、团体或政府，都是在攻击所有健康关系的基础。

投出选票

投票关乎参与，而参与本身并无党派之分。在美国总统选举中，大约有 2/5 的人懒得去投票，18~25 岁的年轻人更不愿意参与投票，尽管他们将受全球变暖、财富不平等和其他严重社会问题的影响巨大。投票是神圣的。众议员约翰·路易斯曾写道："民主不是一个国家，而是一种行为。"

面对恶意欺骗

正如我们所看到的，诚实待人和公平竞争是所有关系的基础——从一对夫妻，到一个国家中的数百万人。在体育或商业领域，撒谎和欺骗是不被容忍的。那么，我们为什么要在其他领域容忍这种行为呢?

你可能会忽略社交平台上的一些"网络喷子",或者温和地询问一位持不同观点的朋友,你是否可以用另一种方式谈论某个话题。

或者当对方明显对真诚的对话毫无兴趣时,你可以这样说:"你的真实目的是什么?你一直在说一些不真实的,或者与我所说的无关的事情。你只是在试图转移话题,而不是对我说的话做出回应。"即使你和对方没有任何进展,你也不要再浪费时间了,而且你可能会对其他正在关注你们谈话的人产生良好影响。

捍卫他人的权益

我记得,1963 年我 10 岁那年,我在北卡罗来纳州的一个加油站的洗手间看到了 3 扇门,上面写着"男人""女人""有色人种",我深感震惊。我的生活虽有艰难之处,但作为一名白人,我在很多方面都有优势。看看我的房子和存款,我知道它们是 3 种因素综合作用的结果:个人努力、运气(好或坏,包括基因),以及通过令他人处于不利地位而获得的优势。我所拥有的一部分东西来自当前和历史上对女性、有色人种以及其他边缘化群体的歧视。

大多数人并非出门时就打算让他人处于不利地位。这关乎悲伤,而不是羞耻,以及同情和对正义的承诺。对于那些像我一样从系统优势中受益的人,我认为我们肩负特别的责任,应尽力而为。当我们通过我们的想法和话语投票时,我们可以倾听，感受话语的分量，试着理解而不是假设，并且认识到我们对他人的影响（不管我们的意图是什么），激发成为盟友的真诚愿望，并不断努力成为更好的盟友。

为自己投票

在内心深处，我们每个人都有能力看到我们所看到的，珍惜我们所珍惜的，并制定自己的计划。

无论世界上发生了什么，我们总是可以在自己心里投票，就像我们每个人都有一个"内部投票站"，我们可以确信自己在那里做什么。

我还从那些比我经历过更大困难的人那里获得指导和力量，他们告诉我，我们可以用他们经历的苦难激励自己。做出自己的选择，尊重自己拥有的权力，怀着对所有生命的同情与悲悯去使用它——好好地使用它。

第 50 章

珍爱我们的地球

我们的大脑有 3 个主要的动机系统——避免伤害，趋利避害，依恋我们所关心的人与事，它们利用许多神经网络来完成它们的目标。最近，我开始意识到第 4 种动机系统也有可能出现。

我们以狩猎采集为生的祖先没有太多能力伤害这个世界，他们也不太了解他们对世界的影响。但现在，人类已经拥有巨大的力量去帮助以及去伤害这个世界，我们对自己的家园所做的一切都了如指掌——近 80 亿人正在努力挑战"地球救生艇"的极限。随着全球变暖，大量物种灭绝，淡水等资源减少，为了人类的生存、繁荣和文化，我们必须珍爱地球。

这是所有关系中最基本的关系，是每个人与其共享的地球之间的关系。我认为，在本书的最后一章探讨这个问题很合适。

如何做

我们吃的食物，呼吸的空气，以及天气和气候，都与世界息息相关。将范围不断扩大，世界包括陆地上复杂的生命网络、海洋和天空。珍爱地球，意味着我们既欣赏它，也关心它。

因此，寻找机会去享受和珍视大自然吧，从近在咫尺的鲜花、树荫、植物丛中飞舞的蜜蜂,到我们共享的巨大家园。我们应该感激,地球的岩石行星在太阳系形成的早期幸存下来,并偶然找到了允许液态水在其表面存在的轨道……这个宇宙中最引人注目的事情是:地球是最大的家园,是我们度过平凡日子的非凡奇迹。

你可以寻找各种方法来保护和滋养这个脆弱且珍贵的世界。我们都身处开采和污染的系统之中,也涉足了人类对无数其他物种的沉重打击。每个人都能贡献出自己的绵薄之力。选择一些对你来说重要的事情,也许是少吃肉或只吃素、节电节水,或者每天花大约一美元,用在抵消你排放到天空中的二氧化碳的项目上。种一棵树,尽可能地循环再利用,并支持那些认真限制并最终扭转全球变暖的人和政党。

核心问题是,我们与这个星球的关系是什么?我们把它当作利用对象、对手,或泛泛之交?还是把它视作朋友、脆弱的避难所、心爱的家园,去好好珍惜?

无论在地球上的哪个地方,愿我们都生活在自己珍爱的世界里。

致 谢

我们从认识的每一个人身上,都会学到有关人际关系的一些东西。因此我恐怕无法在此毫无遗漏地对所有人表示感谢。我只能简单地说,我的妻子和孩子是我最好的老师。

我也从亲爱的朋友们那里学到了很多,包括阿德希穆蒂·比丘尼、彼得·鲍曼、斯图尔特·贝尔、汤姆·鲍林、塔拉·布拉赫、约翰·凯西、卡伦·科尔、马克·科尔曼、安迪·德赖泽、丹尼尔·艾伦伯格、帕姆·汉德尔曼、约翰·克莱纳、马克·莱塞、罗迪·麦卡利、里克·蒙迪思、约翰·普伦德加斯特、亨利·舒克曼、迈克尔·塔夫脱和鲍勃·特鲁格。当我还是加利福尼亚大学洛杉矶分校的一名害羞而笨拙的本科生时,几位导师给了我至关重要的指导,尤其是卡罗尔·赫特里克、查克·鲁施、迈克·范霍恩以及朱尔斯·曾特纳。

心理学领域已经对人际关系进行了深入探索。在本书中,我引用了依恋理论、家庭系统理论和非暴力沟通,以及我35年来对个体和伴侣进行治疗的经验。我深深地感谢每一个曾经信任我作为咨询师来同我交谈的人。在传统的冥想思想中也有很多实用智慧，包括我最熟悉的佛教。莱斯利·布克和曼费拉·兰费尔帮助我更清楚地意识到自己的特权和偏见，并让我更善于与人沟通。

本书借鉴了我每周的免费通讯《简单的事持续做，就不简单！》（*Just One Thing*）中的一些短文。这些年来，我收到了许多读者的有用评论，谢谢你们！

夏洛特·纽斯利帮助我审阅了这本书，我那耐心而睿智的编辑唐娜·洛弗雷多提出了许多宝贵的建议，做出了许多有价值的修正。黛安娜·德鲁对本书进行了细致周全的文字编辑，和企鹅兰登书屋的整个团队一起工作真的很愉快。在出版本书的整个过程中，我的朋友兼经纪人埃米·雷内尔用她的善良和专业为我提供了指导。我们健康公司（Being Well, Inc.）的团队，由斯蒂芬妮·韦永领导，成员包括福里斯特·汉森、米歇尔·基恩、瑞·奥克兰、保罗·范德里特、玛丽昂·雷诺兹和安德鲁·舒曼，从你们入职的第一天起，你们与我，以及你们之间就建立了美好的关系！

感谢你，感谢你们每一个人。愿我们真诚的努力，能促成一个我们所有人和平共处的世界。